Elmar Simma
Damit sich alles gut fügt

ELMAR SIMMA

Damit sich alles gut fügt

Den Fragen des Lebens nachgespürt

Tyrolia-Verlag · Innsbruck-Wien

Nachhaltige Produktion ist uns ein Anliegen; wir möchten die Belastung unserer Mitwelt so gering wie möglich halten. Über unsere Druckereien garantieren wir ein hohes Maß an Umweltverträglichkeit: Wir lassen ausschließlich auf FSC®-Papieren aus verantwortungsvollen Quellen drucken, verwenden Farben auf Pflanzenölbasis und Klebestoffe ohne Lösungsmittel. Wir produzieren in Österreich und im nahen europäischen Ausland, auf Produktionen in Fernost verzichten wir ganz.

Mitglied der Verlagsgruppe „engagement"

2021
© Verlagsanstalt Tyrolia, Innsbruck
Umschlaggestaltung: Felder Grafikdesign, Rankweil
Illustrationen Schmetterlinge: Neubau Welt – Over a thousand pictograms of everyday objects
Layout und digitale Gestaltung: Tyrolia-Verlag
Druck und Bindung: FINIDR, Tschechien
ISBN 978-3-7022-3927-5
E-Mail: buchverlag@tyrolia.at
Internet: www.tyrolia-verlag.at

Inhalt

Vorwort	7
Lebensfragen	9
Warum soll ich noch leben?	10
Was gibt mir innere Kraft?	16
Was hilft mir, die Angst zu überwinden?	23
Wie kann ich gelassener werden?	30
Was kann ich gegen meine Einsamkeit tun?	36
Resignieren oder hoffen und vertrauen?	45
Warum soll ich mein Lebensende nicht selbst bestimmen?	54
Was ist im Leben wesentlich?	63
Wer bin ich?	71
Gottesfragen	77
Wie kann Gott das zulassen?	78
Glaubst du an Engel?	85
Gibt es eine Hölle?	92
Was kommt nach dem Tod?	98
Wie kann man Gott erfahren?	104
Wozu brauche ich die Kirche?	113
Warum soll ich sonntags in die Kirche gehen?	122

Zukunftsfragen 129
Wie wird unsere Zukunft ausschauen? . . 130
Was liegt in unserer Hand? 140
Was können wir jungen Menschen
mitgeben? 145
Wird es je einmal Frieden auf Erden
geben? 153
Kann man sich aufs Älterwerden
vorbereiten? 160

Quellenverzeichnis 171

Vorwort

Im Laufe eines doch langen Lebens begegnete ich als Priester vielen Menschen unterschiedlichsten Alters. Oft kamen sie mit konkreten Fragen oder Anliegen. Manches von diesen Gesprächen ist mir hängen geblieben und hat mich auch selbst geprägt.

So wie ich heute denke, verdanke ich all diesen Männern und Frauen, Jugendlichen und Kindern. Jede Begegnung hinterließ Spuren.

Die Fragen in diesem Buch sind von ihnen an mich gestellt worden. Genau mit diesen Formulierungen.

Allerdings glaube ich, dass ich vor fünfzig, sechzig Jahren oft anders geantwortet habe als heute. Damals war ich noch von der Schul-Theologie geprägt, jung und unerfahren.

Mit dem Älterwerden bin ich auch offener und weiter geworden, oft auch vorsichtiger, behutsamer und damit menschlicher. Ich schaue die Menschen nicht mit der konfessionellen Brille an und frage einfach, was ihr Thema, ihr Anliegen ist. Dann suche ich mit ihnen hilfreiche Antworten, oft auch mit der Überlegung: Was würde wohl Jesus dazu sagen?

Wenn die Fragen anderer Sie auch zum Nachdenken anregen und Sie Ihre eigene Antwort finden, dann ist das sicher positiv. Meine unfertigen Gedanken können Sie vielleicht animieren, dass Sie sich selbst überlegen, was Ihre eigene Meinung ist.

Allerdings bin ich überzeugt, dass es nicht *die* Wahrheit schlechthin gibt. Die ist Gott selbst, der immer ein Geheimnis bleibt. Aber er hat sich in Jesus „ausgesprochen", der das Ja Gottes zu uns verkörpert. Deshalb ist es gut, letztlich bei ihm lebensförderliche Weisungen und Sinnspuren zu suchen und zu finden.

Rankweil, im Herbst 2020   Elmar Simma

Lebensfragen

Warum soll ich noch leben?

Spätabends rief mich ein Freund an, der unter schweren Depressionen litt. „Sag mir bitte, warum soll ich noch leben? Kannst du mir einen Grund nennen, warum es besser ist, dass ich lebe, anstatt mich einfach umzubringen?"

Die Frage machte mich betroffen. Was soll ich ehrlich antworten und was wäre ihm wirklich eine Hilfe? Manche Gedanken schossen mir durch den Kopf. Schließlich fiel mir ein: „Ich weiß nur, dass der und die sehr, sehr betroffen und traurig wären, wenn du das machst und diesen Schritt setzen würdest. Und vor allem auch ich selbst …" In diesem Augenblick fiel mir nichts Besseres ein, und offensichtlich hielt ihn dieser Gedanke am Leben.

Eine Frau telefonierte öfters. Ich kannte sie nicht. Sie nannte auch nicht ihren Namen und verriet mir nicht, wo sie wohnte. Ich nannte sie für mich nur „die Stimme". Öfters meldete sie sich am Telefon, vor allem, wenn es ihr nicht gut ging. Voll Freude erzählte sie mir von einem kleinen, drolligen Kätzchen, das sie vor einiger Zeit bekommen hatte, das sie liebevoll hegte und pflegte und das ihr viel Freude bereitete. Eines

Tages – wiederum ein Anruf von ihr. Sie wolle nicht mehr leben und nehme sich das Leben. Da helfen alle vernünftigen Argumente nicht viel weiter. In der Anonymität des Telefons konnte ich auch nichts unternehmen. „Mir ist innerlich so kalt", sagte sie mehrmals. Da hatte ich einen Einfall: „Und wer schaut auf dein Kätzchen, wenn du nicht mehr da bist? Du wirst ihm fehlen!" Psychologisch gäbe es wohl bessere Argumente. Aber in dem Moment holte sie der Gedanke an das geliebte Tier aus dem dunklen Loch ihrer Todessehnsucht.

Sinnspuren

Manche meinen, das Leben habe von sich aus keinen Sinn, sondern man müsse ihm einen geben. Einerseits stimme ich dem zu. Ich muss in jeden Tag oder in meine Arbeit einen Sinn hineinlegen. Eine Frau erzählte mir: „Wenn mir daheim die Decke auf den Kopf fällt und mir alles zu viel wird, dann lasse ich die Arbeit einfach liegen und mache einen Besuch im Seniorenheim!" Sie geht damit von sich und ihren Problemen ein Stück weit weg und bereitet jemandem eine Freude. Durchaus sinnvoll. So gibt es viele Möglichkeiten, etwas zu tun, was Sinn macht. Andrerseits frage ich mich, ob nicht das Leben an sich einen Sinn hat, unabhängig davon, was ich aus ihm mache und wie ich heute lebe. Es muss doch irgendeinen Grund dafür geben, dass ich geboren wurde und auf dieser Welt herumlaufe, zudem noch mit ein bisschen Vernunft begabt und mit Gefühlen ausgestattet.

Sigmund Freud meinte, dass der Lebenssinn darin liege, arbeiten, genießen und lieben zu können. Viktor Frankl ergänzte: Und auch Leid bewältigen zu können. Ich erinnere mich an einen Vortrag von ihm, den ich vor Jahrzehnten gehört habe. Mir ist seine Botschaft hängen geblieben, dass für viele das Leben sinnlos wird, weil sie eine pyramidale Wertstruktur haben. Das heißt, ihr Leben spitzt sich wie bei einer Pyramide auf einen einzigen Inhalt zu, z. B. die Arbeit. Und was ist, wenn diese wegen einer Krankheit unmöglich wird? Oder nehmen wir an, für jemanden ist das Verliebtsein und ein über alles geliebter Mensch sein bzw. ihr wichtigster Lebensinhalt. Was dann, wenn der geliebte Mensch auf einmal weg ist, den Partner, die Partnerin sogar fallen lässt wegen einer anderen Beziehung?

Frankl schlägt vor, eine „parallele" Wertstruktur zu praktizieren. Das ist so, wie wenn mehrere Säulen nebeneinander eine Plattform tragen.

Wenn dann eine von ihnen ausfällt, festigen immer noch die anderen das „Lebensfundament". Solche Sinnpfeiler können Freundschaften, die Familie, der Sport, der Glaube, ein Hobby, der Beruf und vieles mehr sein.

In eine ähnliche Richtung geht die Lehre und Praxis der integrativen Therapie nach Hilarion Petzold, der es wichtig findet, dass wir mehrere Sinn-Stützen haben: die Arbeit und Leistung, ein soziales Netzwerk, die Leiblichkeit, die materielle Sicherheit, die persönlichen Werte.

Ein Mann mittleren Alters hatte in seiner Firma über Monate hinweg sehr viel Geld unterschlagen. Er wurde fristlos entlassen und stand beruflich und finanziell vor einem Scherbenhaufen. Da er in seinem Umfeld mehrmals Suizidgedanken äußerte, wurde ich um Hilfe angefragt. Ich konnte bei einem Psychotherapeuten, den ich persönlich kenne und schätze, der ein sehr guter Menschenkenner ist, einen Termin vermitteln. Der Mann bat mich, zu diesem Gespräch mitzugehen. Der Therapeut fragte: „Haben Sie Kinder?" „Zwei jüngere Töchter!" Und dann sagte der menschenkundige Fachmann ganz lapidar: „Wenn Sie Ihre Kinder lieben, dann dürfen Sie diesen Schritt nicht setzen. Die Mädchen würden das ganze Leben lang darunter leiden. Ihre

Selbsttötung wäre eine bleibende, schwere Belastung für sie! Die anderen Probleme kann man lösen, aber nicht dieses!" Diese einfache, kurze Begründung beeindruckte mich.

Also hängt der Lebenssinn wesentlich mit unseren Beziehungen zusammen. Der Bezug zu sich selbst, zu anderen, zur Mitwelt, zu Gott gibt unserem Leben Halt und Wert.

Wenn es möglich wäre

Viele Suizidanten blenden in der Nacht ihres Herzens völlig aus, was ihr Schritt für die Mitmenschen bedeutet und welche Last sie ihren Angehörigen und Zugehörigen aufbürden.

Es wäre gut, dieses Thema anzusprechen und zu bedenken. Ich erlebe sehr oft, welchen Schmerz Trauernde zu tragen haben, weil ein für sie lieber und wichtiger Mensch dem Leben ein Ende gesetzt hat.

Sicherlich ist es auch hilfreich, sich auf den heutigen Tag zu beschränken und nicht in der Phantasie endlos weit nach vorne zu leuchten. Wenn alles mühsam und schwer ist und die Zeit scheinbar sinnlos dahintröpfelt, können wir vielleicht doch wenigsten heute etwas Sinnvolles tun, auch wenn es nur sehr wenig ist.

Die Reduktion auf das Heute und Jetzt entlastet, befreit vom Gedanken, dass es „ewig" so weitergeht.

Und wer beten kann, findet auch darin eine Entlastung. Unsere Vorfahren haben viel Schlimmes durchgestanden – denken wir nur an die Frauen in der Kriegszeit –, aber sie haben häufig gebetet mit den zwei Grundüberzeugungen: Der Herrgott wird es schon richten, und: Es wird schon für etwas gut sein. Was das sein sollte, wussten sie noch nicht, aber sie trauten es zumindest Gott zu.

Was gibt mir innere Kraft?

Viele haben schon das Modewort „Resilienz" gehört. Es kommt von lateinischen „resiliare", und das heißt: zurückspringen. Wenn man eine Plastikflasche oder einen Gummiball zusammendrückt, so nehmen sie gleich wieder die alte Gestalt an, sobald man sie loslässt.

In einem Vortrag zum Thema Resilienz sagte ich den vorwiegend älteren Zuhörern, sie könnten sich dieses ungewohnte Wort mit der Eselsbrücke „Die Resi aus Lienz" merken. Eine Frau schrieb mir später in einem Brief: „Wenn ich Probleme habe, denke ich immer mit einem Lächeln an die Resi aus Lienz!" Worum geht es dabei? Es gibt Menschen, die in vielfacher Weise unterdrückt und beeinträchtigt worden sind, z. B. eine schwere Kindheit hatten, und dennoch entfalten sie sich zu guten und wertvollen Menschen. Aber nicht allen gelingt es. Es stellt sich also die Frage, wie wir trotz der oft großen Belastungen unsere guten Seiten zum Vorschein bringen, unsere inneren Kräfte fördern, unsere Begabungen ausnützen können? Hier einige Impulse dazu.

An sich selbst glauben

Wir verdanken uns nicht uns selbst, das Leben wurde uns geschenkt. Von wem? Nicht nur von den Eltern, sondern von einem, der uns gewollt hat und bejaht. *Ich wurde nicht gefragt bei meiner zeugung / und die mich zeugten / wurden auch nicht gefragt bei ihrer zeugung / niemand wurde gefragt / außer dem Einen / und der sagte ja!* (Kurt Marti)

Dieses Ja Gottes ist der Grund für unser Leben und gibt jedem und jeder von uns eine Würde.

Unser Selbstwert wächst ganz natürlich, wenn wir erfahren, dass wir von unseren Eltern unbedingt geliebt sind. Dass sie sich über uns freuen, auf uns sogar stolz sind.

Allerdings wird das leider nicht allen Kindern geschenkt. Zudem meinen viele, ihr Leben habe nur einen Wert, wenn sie etwas leisten, tüchtig und beliebt sind. Das ist gut und recht, aber wir sind auch etwas wert, wenn wir krank sind, wenn vieles nicht so läuft, wie wir es gerne hätten, ja sogar, wenn wir Fehler machen und nicht im Scheinwerferlicht der Gesellschaft stehen. In der Schule habe ich immer versucht, den jungen Menschen die Überzeugung mitzugeben: Glauben heißt, sich von Gott geliebt wissen.

Darin gründet der Wert unseres Lebens. Und wenn wir überzeugt sind, dass jemand an uns glaubt, dann können wir uns auch selbst bejahen.

Die Opferrolle verlassen

Manche Menschen fühlen sich als Opfer einer schlechten Kindheit oder der Gesellschaft. Natürlich läuft vieles im Leben schief, bei fast allen. Aber wir können auch anfangen, selbst Verantwortung für unser Leben zu übernehmen, unabhängig davon, was andere uns angetan haben oder von uns erwarten.

Man muss sich das auch manchmal selbst oder zu jemand anderem sagen: „Ich bin nicht auf der Welt, um so zu sein, wie du mich haben möchtest." In Amerika gab es einen Bestseller: „Ich bin o. k., du bist o. k.!" Klingt gut. Aber man darf oder muss auch manchmal sagen: „Ich bin nicht o. k., du bist nicht o. k., und das ist o. k." Wir alle haben unsere guten Seiten, aber auch manch dunkle. Das wird immer so sein. Letztlich geht es darum, selbst die Verantwortung für das eigene Leben zu übernehmen.

Sich selbst ändern und nicht die anderen

Eine sehr gläubige Frau kam zu einem Beichtgespräch. Sie klagte, dass sie sich über eine Nachbarin dauernd aufrege und sich laufend über sie ärgere. Ihre Art zu sprechen, ihre Hektik und Nervosität, ihr Verhalten …, alles störe sie.

Ich gab ihr einen simplen Rat: Es gibt bei uns die Redewendung: „Man kann einem Dackel nicht gerade Füße machen!" Dann könnte er nicht mehr laufen. Wenn sie also die Nachbarin sehe, solle sie sich immer dieses Wort vorsagen. Und siehe, es wirkte. Lachend erzählte diese Dame nach einiger Zeit, sie könne jetzt viel gelassener die Nachbarin annehmen, mehr noch, sie sein lassen, wie sie ist.

Manche Umstände können wir ändern, aber nicht andere Menschen, nur unsere eigene Einstellung und Sichtweise.

Mit den eigenen Stärken arbeiten

Wir werden, gerade in der Kirche, oft dazu angehalten, unsere Fehler zu bekämpfen. Damit arbeiten wir eigentlich laufend gegen uns selbst. Meiner Meinung nach ist es besser, die positiven

Seiten und Fähigkeiten zu pflegen und weiterzuentwickeln. Oft sagen pflegende Angehörige, dass sie einfach manches aus ihrem Terminkalender streichen müssen, weil sie dafür keine Zeit mehr haben. Das kann ich verstehen. Aber ich frage nach, was sie jetzt auslassen. Meistens sind es die angenehmen Dinge: die Chorproben, einen Turnabend, den täglichen Spaziergang, einen Kurs, das Schifahren … Ich erkläre dann immer: „Was du gern tust, was dich also bereichert, auf das verzichte zuletzt. Der Garten darf ruhig etwas ungepflegt sein und der Hausputz ein bisschen rascher erledigt werden. Aber schaue auf dich und pflege das, was du gerne machst und gut kannst."

Ein Netzwerk aufbauen

Dazu gehören für mich zwei wichtige Haltungen. Viele meinen, die Betreuung von Angehörigen allein bewerkstelligen zu müssen, auch weil diese es so wollen. Selbst wenn man anfangs ein schlechtes Gewissen bekommt (dieses ist das stärkste Druckmittel von Pflegebedürftigen), ist es doch ungeheuer wichtig, unterstützende Angebote einzuholen und anzunehmen. Man kann und muss nicht alles selbst leisten.

Zweitens scheint es mir wichtig, dass wir ganz bewusst gute, freundschaftliche Kontakte halten. Bronnie Ware, eine australische Krankenschwester, schrieb ein Buch mit dem Titel „Was Sterbende am meisten bereuen". Aus ihrer Erfahrung nennt sie fünf Dinge. Ein Punkt lautet: „Ich wünschte, ich hätte mehr Kontakt zu meinen Freunden gehalten!"

Heute leben

Grundsätzlich gilt, dass die Phantasie uns mehr krank macht als die Realität. Wenn wir uns laufend ausmalen, was alles kommen oder passieren könnte, lähmt uns diese Vorstellung. Sie wird auch immer bedrohlicher. Heute leben wir, und wir können nur aus diesem Tag jeweils das Beste machen, Schritt für Schritt, wie man sagt. Vom Dalai Lama stammt das folgende Wort: *Es gibt nur zwei Tage in deinem Leben, an denen du nichts ändern kannst. Der eine ist gestern, der andere ist morgen. Dies bedeutet, dass der heutige der richtige Tag zum Lieben, Glauben und in erster Linie zum Leben ist.*

Und doch müssen wir auch in die Zukunft planen und bei Gelegenheit die Themen Testament, Vorsorgevollmacht, Patientenverfügung oder andere wichtige Fragen ansprechen.

Mit Gott rechnen

Bischof Reinhold Stecher fragte einmal einen 80-jährigen Jubilar, ob er, rückblickend auf sein Leben, einen Satz sagen könnte, was für ihn die wichtigste Erkenntnis gewesen sei. Der Mann antwortete: „Doch, das kann ich. Es hat sich in meinem Leben alles gut gefügt!"

Wenn das auch einmal unsere Lebensbilanz wäre, könnten wir dankbar feststellen: „Bei allem Auf und Ab des Lebens, es ist im Gesamten gut gewesen, wenn auch nicht immer leicht. Ich bin dem Herrgott dankbar, der mich durch das Leben hindurch begleitet hat! Und ich habe immer mit ihm gerechnet."

Was hilft mir, die Angst zu überwinden?

Allein schon die Frage ist nicht ganz richtig. Man kann die Angst nicht überwinden.

Man muss sich zuerst der Angst, die uns manchmal befällt, stellen und ihr ins Gesicht schauen. Wir müssen auch lernen, mit der Angst zu leben. Und erst dann kann man Strategien entwickeln, wie wir uns aus der Umklammerung der Angst lösen können.

Die Angst gehört neben dem Mut, der Freude und der Trauer zu den Grundgefühlen des Menschen. Die Tiefenpsychologin Monika Renz – sie arbeitet auf der onkologischen Station in St. Gallen – nimmt an, dass am Beginn des Lebens jedes Ungeborene Angst hat. Im Mutterschoß erlebt das neue Menschenwesen Geborgenheit und Einheit. Die Geburt aber ist Trennung, der Eintritt in eine kalte Welt. Das mache Angst. Aber die körperliche Nähe von Vater und Mutter, ihre Gesichter, die über dem Kind leuchten, wecken jedoch im Kind das Vertrauen. Zwischen Angst und Vertrauen, zwischen ängstlicher Selbstsorge und vertrauensvoller Solidarität pendeln wir ein Leben lang.

Was uns Angst macht

„Ich habe Angst, dass der Krebs wiederkommt. Bei jedem Anflug von Schmerzen oder anderen Symptomen denke ich, es könnte wieder ein Rückfall sein", bangt eine Verkäuferin, 34 Jahre. „Ich weiß, was der Krieg ist. Ich habe Angst um meine Kinder und Enkelkinder und davor, dass diese Schrecken erneut kommen", gesteht eine Pensionistin aus Bosnien, 72 Jahre. „Ich habe Angst vor der Mathe-Schularbeit", erklärt ein 14-jähriger Schüler. Die Beispiele könnten endlos fortgesetzt werden: die Angst vor dem Zahnarzt, vor Verlusten, vor dem Sterben, die Angst, unter vielen Menschen zu sein, vor einem Abgrund, vor dem Fremden, vor dem Altwerden …

Ich selbst hatte schon im Gymnasium Angst vor jeder Redeübung. Später war für mich der Gedanke, in einer Kirche predigen zu müssen, ein ernsthaftes Hindernis fürs Theologiestudium.

Die Ängste machen „eng" (daher das Wort), nehmen den Atem, blockieren das Denken, „besetzen" uns und machen uns unfrei.

Aber sie haben auch etwas Gutes. Sie sind ein Signal und zeigen uns, dass wir in irgendeiner Hinsicht bedroht sind, achtgeben müssen.

Was helfen könnte

Alle „Rezepte" bieten keine Garantie, wie wir angstfrei werden können.

Ist das überhaupt wünschenswert? Grundsätzlich nicht, denn die Ängste sind ein Alarmsignal und wecken uns auf: Da kommt etwas auf dich zu, was bedrohlich sein könnte. Gib also acht.

Wir dürfen uns auch zugeben, dass wir Angst haben. Und dann ist es gut, wenn man ihr ins Gesicht blickt: Warum plagt mich dieser Zustand? Warum bin ich so von den Phantasien, was alles passieren könnte, besetzt? Stecken vielleicht schlechte Erfahrungen dahinter? Grundsätzlich gilt: Wir dürfen Angst haben. Aber wir können auch den Ängsten sagen: „Ich lasse keine ‚Hausbesetzung' zu. Der Chef seid nicht ihr, sondern bin immer noch ich!" Man kann sie nicht einfach fortjagen, wohl aber „an die Leine nehmen".

Sicher ist es auch gut, mit anderen verständnisvollen Leuten darüber zu reden. Nur was erkannt und benannt wird, kann geheilt werden.

Hilfreich sind auch Spaziergänge oder ordentliche Wanderungen. Das Gehen hat immer auch eine therapeutische, entkrampfende Wirkung. Es gibt auch andere Möglichkeiten. Ich erinnere mich, dass ich als Kind Angst hatte, in den dunklen Keller zu gehen. Wenn ich trotzdem etwas heraufholen sollte, fing ich beim Hinuntergehen an, laut zu singen mit der Überlegung: Wenn ein Einbrecher mich hört, kann er sich noch verstecken und wird mir nichts tun.

Manchen helfen bestimmte Rituale, um die Angst zu bändigen. Früher war es für viele das Weihwasser, das sie am Morgen nahmen, um sich bewusst unter den Schutz Gottes zu stellen, oder sie zündeten eine Kerze an.

Viktor Frankl sagte sogar, manchmal helfe eine „paradoxe Intention" (später: Intervention). Er meint, wenn man gerade das tut, wovor man solche Angst hat, dann löse sich auch in Zukunft dieses Problem. Das funktioniert am ehesten, wenn jemand mit uns in diese Angstsituation hineingeht. Man geht z. B. mit einer Frau, die panische Angst vor einer Menschenansammlung hat, mitten hinein in eine solche Masse und sagt, sie solle jetzt ohnmächtig werden. Das kann sie jedoch nicht mehr. Oder – bildhaft – wenn ein Esel nicht in einen Stall hinein will, muss man nur in die entgegensetzte Richtung ziehen, damit er nun doch dorthin geht, wo man ihn haben wollte.

Und das Gottvertrauen?

Als Volksschüler mussten wir jeden Tag zur Schulmesse in die St.-Peters-Kirche in Rankweil. An der Decke ist dort ein ganz großes Bild zu sehen: Jesus zieht den Petrus, der im Wasser versinkt, zu sich hoch mit dem Vorwurf: *Du Kleingläubiger, warum hast du gezweifelt? Warum hast du solche Angst?* Und schon vorher ermutigt Jesus die Jünger, die vor Angst schrien: *Habt Vertrauen, ich bin es, fürchtet euch nicht!* Und als Jesus zu ihnen ins Boot stieg, legte sich der Wind. (Mt 14,22–33)

Ich habe als Bub immer wieder etwas unandächtig während der Messe da hinaufgeschaut und mir dieses Bild verinnerlicht. Wenn wir das wirklich glaubten, dass Gott da ist mitten in unserem Leben, dass er uns in Jesus unaufhörlich sein Hand reicht und uns hält in allen Stürmen und Gefahren, ja dann wären die Ängste zumindest nicht mehr so bedrohlich.

Die Worte Vertrauen, trauen, Treue leiten sich ab von der Sprachwurzel „Baum", das englische Wort „tree". Vertrauen heißt also, dass wir in einer Beziehung wurzeln können, und das gibt uns die Freiheit, zu wachsen, zu blühen und im Leben Frucht zu bringen.

Ich bin schon überzeugt. Je mehr ein Mensch in Gott verwurzelt ist, umso mehr kann er auch den Ängsten standhalten.

Woher hatte ein Dietrich Bonhoeffer die Kraft, trotz des Wissens um sein Todesurteil zu beten: „Von guten Mächten treu und still umgeben, behütet und getröstet wunderbar …"?

Oder ein seliger Carl Lampert, der am 13. November 1944 enthauptet wurde und aus dem Gefängnis schrieb: *Hätte ich nicht eine innere Kraft, so möchte man verzweifeln an solchem Wahnsinn des Lebens. Aber alles Geschehen hat schließlich seinen Sinn und Zweck gefunden, das muss mich trösten …*

Ein Angstgebet

Gott, ich habe solche Angst!
Aber hat nicht Jesus selbst angstvoll gebetet:
Lass den Kelch an mir vorübergehen?
Gib mir den Mut, nicht so weit voraus zu denken,
sondern einfach heute zu leben.
Und zu glauben, dass ich nichts leisten
und mir nichts beweisen muss.
Ich darf vor dir auch schwach sein.
Ich bin innerlich so hin und her gerissen,
fühle mich schwach,

befürchte Schlimmes.
Bist du wirklich da für mich?
Ich möchte es glauben können,
aber auch dazu brauche ich deine Hilfe.
Lass mich nicht in der Angst versinken.
Reiche mir deine Hand!

Wie kann ich gelassener werden?

Ich hatte einen Vortrag zum Thema „Gelassenheit" zu halten. Zuerst stellte ich mir beim Vorbereiten die Frage, *wie* wir gelassener, ruhiger, zufriedener, in uns selbst ruhend, gefasster, „lässiger", weniger hektisch werden und leben können. Und dann überlegte ich, was wir alles loslassen sollten: Gedanken, Pläne, Phantasien, Menschen, Kinder, und das Leben selbst – irgendwann. Aber das ist nicht so einfach. Eine schwerkranke Frau sagte mir: „Vor drei Monaten, als ich erfuhr, dass meine Krankheit zum Tode führt, hatte ich keine Angst vor dem Sterben. Aber jetzt, je näher es dem Ende zugeht, habe ich doch Mühe damit!"

Kann man immer gelassen sein?

Ich bin es jedenfalls nicht. Manches macht mich wütend oder traurig, z. B. im Blick auf die hohe Politik, die sich hinter fragwürdigen Gesetzen versteckt und manchmal unmenschlich agiert.

Auch in der Kirche stört mich einiges, von der Basis bis hinauf zur Kurie, in der Kardinäle offenen Widerstand gegen den Papst zeigen. Im Alltag ärgere ich mich ebenfalls über manche Zeitgenossen oder über den Abfall, der rund um den McDonald's haufenweise am Straßenrand liegt. Es gibt viele Situationen, in denen wir nicht ruhig sein können oder dürfen, auch wenn die Jugendlichen oft sagen: „Mama, chill di aba!", d. h. beruhige dich, kühle dich ab. Aber – das Sich-Aufregen zeigt doch, dass wir uns beteiligen und betroffen sind. Das ist gut und wichtig.

Und wenn ich auf Jesus schaue: War er gelassen bei der Tempelaustreibung, oder als er seufzte: „Wie lange soll ich euch noch ertragen?" Oder bei den heftigen Auseinandersetzungen mit dem religiösen Establishment damals, und als er sich am Ölberg mit Angstschweiß durchringen musste, das Leiden und Sterben anzunehmen?

Was ist die konträre Haltung zur Gelassenheit?

Ich würde sagen: die Angst, die uns unruhig macht und quält. Sie scheint mir das Grundübel unserer Zeit zu sein. Umfragen zeigen, dass immer mehr Menschen Angst haben, obwohl es uns nachweislich viel besser geht als vor zwanzig oder gar hundert Jahren. Sie haben Angst vor der Globalisierung, durch die das Leben zunehmend unüberschaubar wird. Die Angst vor der Zukunft macht vielen das Herz schwer, die Angst vor der Einsamkeit, vor Krankheiten, vor finanziellen Problemen, vor der Abhängigkeit von irgendjemand. In diesen Erfahrungen und Gefühlen ist es gut, glauben zu können, dass einer zu mir ja sagt, dass ich grundsätzlich angenommen bin und mein Leben einen Wert hat, dass Gott mich nicht fallen lässt, auch nicht, wenn ich sterbe. Diese Überzeugung haben wir von Jesus, den wir in der Kirche als König feiern, der alle Stationen des Menschseins erfahren und durchlitten hat. Er ist der Größte, weil er seine Liebe radikal gelebt und durchgehalten bis zum Letzten. Seine „Wahrheit" ist die Botschaft von einem Gott, der ein Freund des Lebens und der Menschen ist. Davon und dafür lebte er.

Einübung in die Gelassenheit

Da gibt es viele Anleitungen. Nach dem Vortrag zu diesem Thema meinte jemand, die Achtsamkeit allen Dingen und Menschen gegenüber würde uns gelassener machen, weil wir dann lernen, die Dinge und andere anzunehmen, wie sie sind. Das ist sicher richtig. Vor allem würden wir dabei innerlich ruhiger.

Ich selbst finde einen Text besonders anregend, der angeblich 1692 in der St.-Pauls-Kirche in Baltimore gefunden worden war. Einige Sätze daraus:

Geh deinen Weg ohne Eile und Hast und suche, den Frieden in dir selbst zu finden, und wenn es dir möglich ist, versuche den anderen zu verstehen. Sag ihm die Wahrheit ruhig und besonnen und höre ihm zu, auch wenn er gleichgültig und unwissend ist, denn auch er hat seine Sorgen.

Vermeide laute und aggressive Menschen, denn sie lassen dich nicht zur Ruhe kommen. Wenn du dich mit all den anderen vergleichst, wirst du eitel oder bitter werden, denn es wird immer Menschen geben, die größer oder kleiner sind, als du selbst.

Sei stolz auf deinen Erfolg und denke auch an deine Karriere, aber bleibe bescheiden, denn das Schicksal kann sich jederzeit wenden. Sei vorsichtig in deinen Geschäften, denn die Welt ist voller List und Tücke, aber lass dich trotz allem nicht von deinem Weg ablenken. Viele Leute reden von hohen Idealen, und überall wird Heldenmut angepriesen.

Bleibe du selber und heuchle nicht Mitgefühl. Stehe der Liebe nicht zynisch gegenüber, denn sie ist das Einzige, was wahr und unvergänglich ist.

Sei dankbar für jedes Jahr, das du erleben darfst, auch wenn mit jedem Tag ein Stück deiner Jugend entschwindet. Bereite dich auf den Augenblick vor, an dem etwas Unvorhergesehenes in dein Leben eintritt, aber zerstöre dich nicht selbst aus Angst vor der Einsamkeit. Sei immer so, dass du vor dir selbst bestehen kannst. Du hast ein Recht, auf der Welt zu sein genau wie die Blume, die blüht, und wie ein Stern in der Nacht.

Doch auf dieser Welt lebst du nicht allein. Hast du schon irgendwann mal darüber nachgedacht? Darum schließe Frieden mit Gott, wo immer er dir auch begegnet. Ganz gleich, was das Leben dir an Schwierigkeiten auferlegt, die Welt ist immer noch schön. Versuche auf ihr zu leben und glücklich zu werden. (Quelle unbekannt)

Eine kleine Anregung für uns persönlich:
Wir könnten diesen Text nochmals lesen und uns fragen:
- Welchen Satz möchte ich unterstreichen?
- Welches Wort gilt für mich ganz besonders?

Noch eine Ergänzung: Versuchen wir, nicht in der Vergangenheit zu leben und nach-tragend zu sein, ganz wörtlich, vielmehr ist es gut, heute zu leben und nicht in der Zukunft. Die Phantasie, was alles passieren könnte, macht uns mehr krank als die Realität. Es gibt einen wunderschö-

nen Text von Papst Johannes XXIII. Jeder Satz beginnt mit den Worten „Nur für heute". Z. B. also:
Nur für heute werde ich mich bemühen, den Tag zu erleben, ohne das Problem meines Lebens auf einmal lösen zu wollen.

Nur für heute werde ich mich den Gegebenheiten anpassen, ohne zu verlangen, dass sich die Gegebenheiten an meine Wünsche anpassen …

Nur für heute werde ich glauben, selbst wenn die Umstände das Gegenteil zeigen sollten, dass Gott für mich da ist, als gäbe es sonst niemanden auf der Welt.

Ich will mich nicht entmutigen lassen durch den Gedanken, ich müsste dies alles mein ganzes Leben durchhalten. Heute ist es mir gegeben, das Gute während zwölf Stunden zu wirken!

Was kann ich gegen meine Einsamkeit tun?

Eine Frau, die ich vor bald sechzig Jahren in der Schule hatte, ruft mich von Zeit zu Zeit an mit der Bitte, ich möge sie segnen, denn sie fühle sich so einsam. Ihr Mann hatte sich von ihr getrennt und lebt mit einer neuen Partnerin. Die Kinder, ihr Sohn und ihre Tochter, haben ihre eigenen Beziehungen, und so haust sie – ganz wörtlich – allein in ihrem Haus. So ähnlich geht es wohl vielen anderen. Sie sind nicht nur allein, sondern sie fühlen sich einsam. Zudem gibt es auch die Einsamkeit zu zweit, die sehr belastend ist.

Ich möchte hier keine Rezepte verteilen, wohl aber von meinen Erfahrungen sprechen und manches bewusst machen.

Keine Mauer ums Herz bauen

Irgendwann muss jede und jeder von uns mit der Versuchung fertig werden, eine Mauer ums eigene Herz zu bauen, die uns schützen soll vor weiteren Verwundungen des Lebens. Vor negativen Erfahrungen und Bitternissen,

Irgendwann sind wir alle schon einmal so sehr enttäuscht worden von Verwandten, von Arbeitskollegen und -kolleginnen, von einer Freundschaft, von missbrauchtem Vertrauen, von einem Urteil anderer über uns, von Misserfolgen, von Menschen um uns, dass wir uns am liebsten zurückziehen möchten, damit uns dasselbe nicht nochmals passiert.

Es ist wahr: Wenn wir vor uns sehen könnten alle Freude und allen Ärger, das, was auf uns zukommt, alles Gelingen und alles Versagen, alle Misserfolge und alle Kraft, die uns abverlangt wird, allen Verzicht, alles Glück und allen Verlust, alle Krankheiten, würden wir erschrocken ausrufen: „Nein, das ist zu viel für mich. So groß und stark ist mein Herz nicht!" Aber wenn wir uns dann zurückziehen, zahlen wir einen großen Preis.

Es gibt keine Mauer, die uns nur vor dem Schlimmen schützt, sondern sie hält immer auch neue positive Erfahrungen fern: mit dem Schmerz auch die Freude, mit der Abneigung auch die Zuneigung, mit der Enttäuschung auch alle Hoffnungen, mit den Qualen auch die Lust. Aber welch ein Preis!

Deshalb ist es gut, wenn wir beim Wall, den wir um unser Inneres errichtet haben, einen Ziegel nach dem anderen, einen Stein nach dem anderen wegnehmen und die Mitmenschen wieder anschauen. *Wo Augen dich ansehen, entstehst du*, sagt Hilde Domin. Es ist immer gut, andere wahrzunehmen, ihnen zuzuhören, ansprechbar zu werden, immer auch im Wissen, dass es in jedem Menschen Helles und Dunkles gibt.

Auf sich schauen und sich etwas gönnen

Vor lauter Aufforderung, den Nächsten zu lieben, vergessen wir oft den zweiten Teil des Satzes: „… wie dich selbst!" Das ist genauso wichtig. Der heilige Thomas von Aquin sagt: *Die Wurzel aller Übel ist der Mangel an Liebe zu sich selbst!* Ich frage oft Leute, die berichten, was sie geleistet haben: „Und – hast du dich dafür auch gelobt? Wie hast du dich selbst belohnt?" Wir sollten auch mit uns selbst gut umgehen.

Ich war vor Jahren auf einem Kommunikationstraining. Am Ende dieser Woche gab es noch eine besondere „Übung". Wir saßen im Kreis, und jede bzw. jeder konnte einen anderen Teilnehmer, eine Teilnehmerin ansprechen mit dem Satz. „N., mir gefällt an dir oder bei dir …, aber das und das stört mich sehr, geht mir auf die Nerven!"

Die Angesprochenen mussten dann antworten: „Ich danke dir für das, was du mir gesagt hast. Ich werde es mir überlegen, aber – und da konnte man sich innerlich aufrichten – ich bin nicht auf der Welt, um so zu sein, wie du mich haben möchtest." Ein ganz wichtiger Satz, den wir öfters verwenden sollten. Natürlich können das andere auch zu uns sagen.

Ich habe eine sehr schöne Geschichte von Bert Brecht in Erinnerung: „Die unwürdige Greisin". Darin erzählt er von der Witwe eines Schusters. Sie hatte in ärmlichen Verhältnissen nur für ihre Familie gelebt und gespart. Nach dem Tod ihres Gatten hofften die Kinder, dass die Mutter ihnen nun Hab und Gut vermacht. Aber stattdessen begann sie ungewöhnliche Dinge. Sie ging sogar werktags ins Café oder ins Kino und ließ es sich gut gehen. Sie freundete sich mit einer jüngeren Frau an und kaufte ein Auto, damit diese mit ihr Ausflüge machen konnte. Kurz und gut, sie begann, auf sich selbst zu schauen und das zu tun, was ihr Freude bereitete. Wunderschön!

Sich selbst lieben. Meistens trinke ich abends noch ein Gläschen Wein. Dazu noch ein kleiner Trick: Weil ich das manchmal erzähle, bekomme ich auch hin und wieder eine Flasche Wein geschenkt.

Den Tagen eine Struktur geben

Gerade wenn man allein lebt, besteht mitunter die Gefahr, dass man so in den Tag hinein lebt und tut, was einem gerade einfällt oder wozu man Lust hat. Das darf auch so sein. Aber grundsätzlich ist es hilfreich, in einer gewissen „Tagesordnung" die Zeit zu gestalten. Dazu gehört das regelmäßige Essen, auch für sich den Tisch zu decken, oder täglich laufen zu gehen. Für den Geist und das Gemüt können wir Verschiedenes planen: Vorträge, Schulungen, Konzerte, Besuch von Ausstellungen, auch Reisen u. a. m. Und nicht zuletzt sind es die Hobbys, die wir pflegen sollten, uns und anderen zur Freude.

Dann gibt es wieder Tage, an denen wir ungeheuer Vieles erledigen sollten, sodass uns schon am Morgen angst und bang wird: Wie werden wir das alles schaffen? Mir hilft dann der Gedanke an den Bibelsatz aus dem Schöpfungsbericht: *Es wurde Abend, es wurde Morgen: erster Tag!* Und so fort (Gen 1,5ff). Das heißt doch: Irgendwie wird es immer Abend. Es ist gut, sich nicht hetzen zu lassen und dauernd an alles zu denken, was heute zu machen wäre. Am besten ist es, eines nach dem andern zu tun. Auch dieser Tag geht vorüber, und das Unerledigte wartet auf morgen.

Kontakte und Freundschaften pflegen

Wir Menschen sind Beziehungswesen. *Durch das Du werden wir zum Ich*, sagt Martin Buber. Manche, vor allem ältere Menschen, leiden darunter, dass mit den Jahren die Kontakte „dünner" werden. Wenn wir warten, bis jemand kommt oder anruft, kann es oft sehr lange dauern, bis sich einer oder eine meldet. Deshalb ist es besser, nach Möglichkeit auch auf andere zuzugehen oder sie zu besuchen. Für mich ist es nicht nur beruflich, sondern auch persönlich ganz wichtig, Kontakte zu pflegen, wenigstens kurz mit einem Besuch, einem Anruf, mit einer Rose … Anlässe gibt es genug: Geburts- und Todestage, besondere Ereignisse oder auch einfach so.

Ein junges Paar, das ich getraut habe, ist daran, ein Haus zu bauen. Zufällig sah ich, dass das Dach oben ist. Da brachte ich zur Firstfeier eine Flasche Sekt. Sie freuten sich sehr, und ich mich selbst auch. Solche Anstöße bietet das Leben laufend.

Und nicht zuletzt ist es wichtig, ein paar wenige gute Freunde, Freundinnen zu haben. Das war früher vielleicht nicht so wichtig, wenn mehrere Generationen in einem Haus zusammenlebten. Da gab es Begegnungen und Konflikte genug. Aber heute leben viele allein für sich, und da tut es wohl, ein paar vertraute Menschen zu haben, bei denen man das Herz ausschütten, denen man Freudiges erzählen kann, mit denen man etwas unternimmt. *Die Pflege von Freundschaften halte ich für die wichtigste Altersvorsorge* (Peter E. Schumacher).

Dankbar erkennen, was einem geschenkt ist

Je älter wir werden, umso voller wird der Korb der Erinnerungen, der schmerzlichen, sicher aber auch der guten. Wir jammern heute ganz allgemein über alles Mögliche, aber auf sehr hohem Niveau. Denn eigentlich geht es uns doch in vielen Bereichen sehr gut. Mich wundert, worüber sich Menschen oft aufregen, und dass ihre Erinnerung so löchrig ist, denn vieles wird uns im Laufe des Lebens geschenkt, ist uns geglückt. Rückblickend hat sich auch so manches zum Guten gefügt, natürlich nicht alles. Den ungelösten Rest dürfen wir aber ruhig Gott überlassen. Die Sterbeforscherin Elisabeth Kübler-Ross sagte, man könne leichter sterben, wenn man vorher Unerledigtes erledigt habe. Im Prinzip stimmt es sicher, aber ich meine, man darf auch ruhig mit Unerledigtem sterben. Wir können nicht alles selbst sortieren und erledigen. Das wird dann schon Gott in seinem Erbarmen in Ordnung bringen.

Die Dankbarkeit können wir einüben, indem wir jeden Morgen Gott für den neuen Tag danken und uns für das öffnen, was auf uns zukommt, was wir heute tun können oder wollen.

Und dann wäre es heilsam, am Abend den Tag mit allem, was er gebracht hat, vor Gott auszubreiten und schlussendlich sich getrost in seine Hände zu legen.

Vor Jahren habe ich in der Krankenpflegeschule den folgenden irischen Segenswunsch ausgeteilt. Vor kurzem zeigte mir eine Krankenschwester voll Freude diesen Text mit der Bemerkung, dass sie ihn immer wieder lese und schätze.

Mein Wunsch für dich ist,
dass du im Herzen bewahren mögest
die guten Erinnerungen
an jedem reichen Tag deines Lebens;

dass du tapfer seiest
in den Stunden der Prüfung,
wenn dich das Kreuz des Lebens drückt,

wenn der Berg, den du besteigen willst,
plötzlich überhoch scheint
und das Licht der Hoffnung sehr fern ist;

*dass jede Gabe, die Gott dir geschenkt hat,
mit den Jahren wachse
und dass sie dir dazu diene,
die Herzen jener, die du liebst,
mit Freude zu erfüllen;*

*dass du in jeder Stunde einen Freund habest,
der der Freundschaft wert ist,
dem du vertrauend die Hand reichen kannst,
wenn es schwer wird;*

*dass zu jeder Stunde der Freude und des Leids
Jesus dir ein Beispiel sei
und du in Gottes Liebe bleibest.*

*Gott sei für dich der Ursprung,
in dem alles beginnt,
das Ziel, in dem alles mündet,
und die Hand, die dich immer hält!*

Resignieren oder hoffen und vertrauen?

Dieser Frage begegne ich häufig. Ich bin auch selbst oft hin und her gerissen, wenn Enttäuschungen oder schlechte Erfahrungen mich hinunterziehen und ich andererseits – so meine ich zumindest – doch eine positive Lebenseinstellung habe.

Ich wohne in einer Sackgasse, an deren Ende eine altersschwache Laterne stand, die nur wenig Licht gab. Vor einiger Zeit kam abends ein pensionierter Gemeindevertreter zu mir und stellte fest: „Du hast da wirklich eine schwache Straßenbeleuchtung!" Einige Wochen später erleuchtete zu meiner Überraschung eines Nachts eine helle Lampe den Weg zu meinem Haus. Ich erfuhr dann, dass dieser ehemalige Gemeindemandatar der Sache nachgegangen war und erreicht hatte, dass ein besseres Licht installiert wurde.

Eine scheinbar unbedeutende Kleinigkeit, die aber doch symbolisch vieles aussagt.

Die Schwärze der negativen Ereignisse, die Nächte der Trauer oder viele Zustände, die Angst machen, verdunkeln auch mein Herz und die Gedanken. Aber dann denke ich daran, dass die

Aufmerksamkeit und das unauffällige Bemühen eines einzelnen Mannes viel Licht in mein Leben gebracht hat. Jedes Mal, wenn ich im Dunkeln heimfahre oder -laufe, erinnere ich mich an den guten Erich, der schon vor ein paar Jahren gestorben ist. Seine Tat zeigt jede Nacht, dass das Licht stärker ist als alles, was diese Welt verfinstert.

Haben wir Grund zum Hoffen im Blick auf diese Welt?

Auf unsere so wunderschöne und gleichzeitig so schrecklich gequälte Welt?

Die Negativfakten sind uferlos: Der Gegensatz zwischen Arm und Reich. Nach wie vor verhungern Menschen, in Asien jährlich 512 Millionen, in Afrika 233 Millionen, alle zehn Sekunden stirbt ein Kind an Hunger und Unterernährung. 70 Millionen Menschen sind weltweit auf der Flucht. Dann die atomare Bedrohung mit dem Overkill. Das heißt, das Potential der Atomwaffen würde ausreichen, um diese Welt mehrfach zu zerstören. Der geheime „kalte" Krieg zwischen den Großmächten, die Verlogenheit in der Politik, die Machenschaften der Geheimdienste, der Finanzpolitik, der Kampf ums Wasser, die Unterdrückung der Frauen, die Religionskriege, die terroristischen Anschläge, die „fake news" (man weiß schon nicht mehr, wem man was glauben kann), die Kontrollen und Einflussnahmen durch die neuen Medien, der unmenschliche Umgang Europas mit den Flüchtlingen, die wachsenden Nationalismen, das Wurzelwerk der Nazi-Mentalität, der Antisemitismus. Dazu kommen die Klimaveränderung, die Umweltzerstörung und -ausbeutung und, und, und …

Diese Realitäten machen Angst, zu Recht. Viele Senioren und Seniorinnen sagen: „Bin ich froh, dass ich schon so alt bin. Ich habe Sorge, wie das alles werden wird!" Und Eltern fragen mitunter, ob es noch verantwortbar ist, in unserer Zeit Kinder zu haben angesichts dessen, was alles passieren kann oder noch kommen wird.

Und doch, und doch – es gibt auch Hoffnungsvolles!

Erstens könnte ich viele Beispiele aufzählen, was Menschen alles an Positivem leisten. Dass es Liebe gibt, nach wie vor, und Vertrauen und Geduld und Zuwendung und Hilfeleistung, auch Vergebung, Treue, Tapferkeit, Freundlichkeit, Menschlichkeit, das Lächeln, die sorgsame Hand …

Auch im Blick auf die große Welt haben wir trotz allem Grund zum Hoffen.

Auf einem Plakat der Bertelsmann Stiftung in Gütersloh vom November 2018 lese ich folgende erstaunliche Fakten zur weltweiten Situation: Die Alphabetisierung ist von 10 % im Jahr 1800 auf 86 % im Jahr 2016 gestiegen, der Frauenanteil an höherer Bildung von 46 % (1985) auf 56 % (2015), der Zugang zu sauberem Wasser von 76 % (1990) auf 91 % (2015), Menschen, die in einer Demokratie leben, von 9,2 Mill. (1816) auf 4,1 Mrd. (2015). Gesunken ist die Armut von 2 Mrd. (1970) auf 0,7 Mrd. (2015), die Kindersterblichkeit von 43 % (1800) auf 4 % (2015). (Bertelsmann Stiftung, change 2/2018 Themenposter)

Das alles ist durchaus erstaunlich und erfreulich, auch wenn weiterhin vieles zu tun ist, damit alle Menschen in Freiheit, Gerechtigkeit und Frieden leben können.

Und im Blick auf persönliche Schicksale?

Auch da fällt die Bilanz gemischt aus. Oft habe ich das Gefühl, dass ich gar nicht mehr nachkomme in der Begleitung von Menschen, die es schwer mit sich und ihrem Leben haben. Eine Krankenschwester schrieb mir: „Ich sage dir: Alles spinnt. Als ich am Abend in den Dienst kam, war unsere Stockhelferin total fertig. Ihr Mann hat sie aus der Wohnung geworfen. Dann hat vorher Inge angerufen, das ist die, die wegen Tabletten und Alkohol Probleme hat. Sie hat Blut erbrochen und kann nicht mehr arbeiten. Der Mann meiner Freundin ist vor ein paar Tagen ausgezogen. Jetzt ist er wieder gekommen. Ein Kampf beginnt. Ich könnte dir noch mehr Geschichten erzählen …"

Die psychischen Erkrankungen bei jungen Leuten häufen sich erschreckend, sie kommen mit dem Leben nicht mehr zurecht.

Aber dann begegne ich wieder so vielen herzlichen, hilfsbereiten, freundlichen Menschen, dass es eine Freude ist.

Es gibt eine Menge Rezepte und Tipps, was man tun kann, um nicht in das Loch dunkler, negativer Gefühle hineinzurutschen: z. B. im Heute leben, die eigenen Fähigkeiten entfalten, freundschaftliche Beziehungen pflegen, Geduld haben, positiv denken („Wenn ich das nur schon höre, werde ich wütend", sagen manche).

Und was sagt die Bibel? *Wer von euch kann mit all seiner Sorge sein Leben auch nur um eine kleine Spanne verlängern?* (Mt 6,27). *Sorgt euch also nicht um morgen, denn der morgige Tag wird für sich selbst sorgen. Jeder Tag hat genug an seiner eigenen Plage (Mt 6,34).*

Am liebsten möchte ich mit einem Brief Jesus darauf antworten:

Meister, es klingt ja wunderbar, was du da sagst, aber so sorglos in den Tag hinein können wir doch nicht leben. Wozu hat Gott uns einen Verstand gegeben? Doch, damit wir nachdenken, aus der Vergangenheit lernen und über den heutigen Tag hinaus nach vorne schauen. Wir machen Vorsorgeuntersuchungen, müssen für die Pension oder Krankheiten vorsorgen, schließen Versicherungen ab. Man weiß ja nie. Nachhaltigkeit ist bei allen Investitionen und beim Umweltschutz gefragt. Wir tragen Verantwortung für die Zukunft unserer Kinder!

Und die Vögel zwitschern nicht nur fröhlich, sondern verenden im Ölschlamm.

Die Lilien auf dem Feld blühen auch nicht ewig, erst recht nicht, wenn durch den Klimawandel die Wüsten wachsen.

Bist du da nicht viel zu romantisch?

Ich stelle mir vor, dass Jesus dann eventuell so zurückschreibt:

Du Mensch, natürlich sollst du eine Vernunft gebrauchen und weiterdenken. Aber nichts ist fix!

Auch in deinem Leben. Es muss nur ein Äderchen in deinem Kopf platzen, und du bist vielleicht gelähmt. Die Grenze zwischen Leben und Tod ist so dünn wie die Wand eines Blutgefäßes. Was hast du schon endgültig im Griff? Gar nichts!

Darum: Lebe heute, bewusst und dankbar, und vertraue auf Gott, der dich hält und trägt bei allem, was kommt. Er bewahrt dich nicht vor manchem Leid, wohl aber in allen schweren Stunden. Jeder Tag bringt so manche Plage, aber auch viele Freuden und Geschenke. Du sollst nicht mit dem Schlimmsten rechnen, sondern mit dem Besten, mit Gottes Liebe.

Und noch etwas: Sorge dich vor allem um das Reich Gottes. Das heißt: Lass ihn zur Geltung kommen. Vertraue auf ihn! Der Vater- und Muttergott ist schon da, mitten in deinem Leben, bevor du es merkst. Er ist gegenwärtig in deinem Glauben, der manchmal angefochten ist. Er wirkt in deiner Hoffnung, dass alles gut wird, er strahlt durch in allen Momenten, in denen es dir gelingt, jemanden liebzuhaben oder anderen zuliebe etwas zu tun.

Sein Reich bricht an, wo jemand ein Licht sieht, wo jemand wieder Kraft findet zum Weitergehen, wo sich im Herzen oder ganz real eine Türe öffnet.

So könnte die Antwort Jesu lauten.

Roger Schutz sagt: „Wäre das Vertrauen deines Herzens aller Dinge Anfang, du kämest weit, sehr weit!"

Als Einübung in diese Haltung empfehle ich, vor dem Einschlafen sich zu überlegen:
- Was ist mir heute geschenkt worden?
- Was hat mich gefreut? Was hat mich belastet?
- Was ist meine Sorge?

Vielleicht gelingt es uns, diese Gott zu überlassen.

Und dann könnten wir Gott danken für alles Positive, das uns zugeflossen ist. Ebenso auch für die Kraft, manches zu tragen oder zu ertragen.

Gerade weil wir da und dort Belastendes erleben, auch mit Krankheiten, Tod und Trauer konfrontiert werden, ist es gut, sich selbst etwas zu gönnen, einen edlen Tropfen zu genießen, die Schönheit der Natur aufzunehmen, auch das Wohlwollen, die Freundlichkeit vieler Menschen u. a. m.

Es gibt immer beides: z. B. das Krankenhaus oder Pflegeheim in der Gemeinde mit allem Leid und daneben den lärmenden Faschingsumzug mit der ausgelassenen Freude. Die Lebenslust und die Lebensmüdigkeit, das Verliebtsein und den Trennungsschmerz.

Aber all diese Erfahrungen sind umfangen von der Sorge eines liebenden Gottes. Ein irischer Segenswunsch drückt dies passend aus:

*Gott gebe dir für jeden Sturm einen Regenbogen,
für jede Träne ein Lachen,
für jede Sorge eine Aussicht
und eine Hilfe in jeder Schwierigkeit;
für jedes Problem, das das Leben schickt,
einen Freund, es zu teilen,
für jeden Seufzer ein schönes Lied
und eine Antwort auf jedes Gebet!*

Warum soll ich mein Lebensende nicht selbst bestimmen?

Das fragte mich eine etwa sechzigjährige Dame, die mich um ein Gespräch gebeten hatte.

Sie hat die Absicht, in der Schweiz die Dienste von „Exit" zu beanspruchen und durch Euthanasie ihr Leben zu beenden. Sie leidet unter gesundheitlichen Problemen und einem scheinbar unlösbaren Konflikt mit ihrer Tochter. Da sie nach ihren Worten auch religiös ist, brachte ich den Gedanken ein, dass wir unser Leben nicht uns selbst verdanken. Es wurde nicht von uns gewollt und gemacht, sondern es wurde uns als Leihgabe geschenkt. Letztlich ist das Leben nicht unser Besitz, über den wir nach Belieben verfügen. Und sie möge auch bedenken, dass sie durch diesen Schritt ihre Kinder und Angehörigen sehr belaste.

Warum plädieren immer mehr Menschen für die Freigabe der Euthanasie?

Das hat viele Gründe.

In unserer Zeit wächst der Wunsch nach Selbstbestimmung und Emanzipation. Die Menschen wollen über sich selbst verfügen und sehen das als Zeichen ihrer Würde.

Gleich schon vorweg einige Gedanken zu diesem Begriff: Die Würde wird nicht von uns gemacht, hängt nicht von unserer Tüchtigkeit und Leistung ab, auch nicht von unserer Vernunft. Die haben wir nicht erworben, wird nicht von anderen verliehen und kann uns auch niemand nehmen. Die Würde ist ein „Mir-gegeben-Sein", liegt für Gläubige darin, dass wir Ebenbilder Gottes und seine Geschöpfe sind.

Andere haben die Angst, dass man sie nicht sterben lässt, wenn sie nicht mehr entscheidungsfähig oder bei Bewusstsein sind.

Wieder andere bringen als Argument ein, dass es unmenschlich sei, qualvoll und erbärmlich dahinzusiechen.

Oder es wird gesagt, dass unser Leben sinnlos sei, wenn wir nichts mehr tun können und nur noch auf Hilfe angewiesen sind, wenn wir ohnmächtig jegliche Freiheit verlieren.

Und was spricht dagegen?

Das Argument von den unerträglichen Schmerzen scheint gravierend zu sein, aber die Palliativmedizin hat heute so viele Möglichkeiten, quälende Symptome und Schmerzen wirksam zu bekämpfen oder zumindest zu lindern, sodass ein Leben mit einiger Qualität bis zum Schluss möglich ist. Im Extremfall gibt es auch die palliative Sedierung bis zum natürlichen Ende. Die Hospizbewegung fördert den Grundsatz: Das Leben nicht unnötig verlängern, aber auch nicht absichtlich verkürzen.

Im Hintergrund spielt bei vielen die Vorstellung eine wichtige Rolle, dass im Leben alles glücklich und problemfrei verlaufen müsse, auch das Ende. Ein gutes Sterben schließt die Erfahrung von Passivität, des Fragmenthaften, sogar des Scheiterns mit ein. Es ist die große menschliche Leistung, den Tod als Teil des Lebens zu akzeptieren. Christlich gesprochen: Wir dürfen auch als Torso sterben, also unfertig, auch mit allen Lebensbrüchen, jedoch getragen von der großen Hoffnung, dass Gott alle Mängel voll-enden wird, im besten Sinn des Wortes.

Ein Gedicht von Rainer Maria Rilke beginnt mit den Worten:

O Herr, gib jedem seinen eignen Tod.
Das Sterben, das aus jenem Leben geht,
darin er Liebe hatte, Sinn und Not.

Ja, beides: Sinn und Not, Erfüllung und Mangel.

Ich erinnere mich an einen Mann, der auf dem Sterbebett sagte. „Ich wäre meinen Kindern gerne ein guter Vater gewesen, aber ich habe es nicht geschafft!"

Auch das gehört zum Ganzen seines Lebens. Als Christen dürfen wir glauben, dass wir auch mit allen und trotz allen Mängeln von Gott angenommen und bei ihm aufgehoben sind.

Viele weitere Gründe

Mit der Euthanasie wird wohl der Leidende beseitigt, aber nicht das Leiden. Das bleibt weiterhin eine Aufgabe jeder Gesellschaft, der Medizin und auch der Politik. Das Wort von Kardinal König, das er bei der parlamentarischen Enquete zu diesem Thema sagte, bleibt gültig: „Lieber an der Hand eines Menschen sterben als durch die Hand eines Menschen."

Auch das Argument der Selbstbestimmung ist nicht überzeugend:

Letztlich bestimmt der Arzt, ob die Euthanasie gerechtfertigt ist. „Mit dem Rezept bestätigt der Arzt, dass dieses Leben nicht mehr wert ist, gelebt zu werden!" (Ingrid Schneider in einem Interview im Wirtschaftsmagazin *brand eins*, Januar

2015). Es ist auch zu bedenken, dass es bei älteren oder schwerkranken Menschen aufgrund ihrer körperlichen und mentalen Beeinträchtigungen eine Bewusstseinsveränderung gibt und sie gar nicht mehr so frei sind wie in gesunden Zeiten.

Die Euthanasie wäre ein Kulturbruch bei uns, weil auf dem Hintergrund der christlichen Ethik der Schutz des Lebens oberste Priorität hat. Man hat ja unter dem Nationalsozialismus gesehen, wohin die Tötung von Menschen, die nicht ins System passen, führen kann.

Zudem besteht immer die Gefahr der Ausweitung, wenn einmal die legale Türe dazu geöffnet wird. Die Zahlen von Holland, Belgien und anderen Ländern bestätigen das eindrücklich. Immer mehr Menschen (vor allem demente) werden dort ohne ihren Willen oder ihre bewusste Entscheidung durch Euthanasie getötet. Zudem haben in Belgien auch Jugendliche ab 12 Jahren dieses Recht, und für unheilbar kranke Kinder können Eltern die Euthanasie verlangen. In der Schweiz sind laut Medienberichten 77 % der evangelischen Christen für einen assistierten Suizid für ältere Menschen. Dazu müssen diese nicht einmal schwer krank sein. Es genügt einfach der Wunsch, dem Leben ein Ende zu setzen, was in einem depressiven Zustand leicht vorstellbar ist.

Es besteht auch der Druck, sich selbst entsorgen zu müssen, wenn die gesetzliche Möglichkeit besteht und die Kranken oder Alten für andere scheinbar nur eine Belastung sind, auch finanziell.

Gesetzlicher Anspruch und ärztliches Ethos

Der Staat sieht es als seine Aufgabe, das Leben zu schützen und zu fördern, das besonders an den „Rändern" gefährdet ist, am Beginn und am Ende. Die ungeborenen Kinder bedürfen eines umfassenden Schutzes, ebenso die Alten, Dementen, Kranken und Sterbenden. Es ist ja paradox: Auch ein Mensch, der einen Suizidversuch gemacht hat, wird, solange er noch lebt, mit allen Mitteln der medizinischen Kunst am Leben erhalten oder reanimiert. Mit welchem Recht? Man müsste doch meinen, dass die Ersthelfer diesen Wunsch respektieren sollten. Aber es wäre unterbliebene Hilfeleistung, wenn sie es nicht täten. Die Begründung liegt ganz einfach in der gesetzlichen Option für das Leben jedes Menschen, das vielfältig gesetzlich geschützt ist.

Aus diesem sozial-ethischen Grund hat auch das Parlament eine klare Resolution gegen die Euthanasie verabschiedet.

Warum hat die deutsche Ärztekammer sich einstimmig gegen die Euthanasie ausgesprochen? Weil die Ärzte es als ihre Aufgabe sehen, dem Leben zu dienen und Kranke zu heilen. Schon im hippokratischen Eid versprechen sie deshalb, den Patienten keine Mittel zur Beendigung des Lebens zu geben.

Zudem würden die Ärzte durch die Verabreichung einer tödlichen Substanz in eine unvereinbare Doppelrolle geraten. Es ist ihre Aufgabe, das Leben zu fördern, und sie können es gleichzeitig auch legal beenden. Sie werden damit zu „Herren über Leben und Tod".

ein stück brot
wider den hunger meines leibs
eine kerze
wider die todesangst meiner seele
ein lächeln
wider die verstörtheit meines herzens

gab mir heute
der unsagbare
dessen name gepriesen sei
von meiner armut

                    Hermann Joseph Kopf

Mit dem „Hunger des Leibs" sind alle körperlichen Bedürfnisse gemeint, von der Schmerztherapie bis zur wohltuenden Massage. Die Kerze gegen den Seelenschmerz ist alles, was im Herzen wohltut und tröstet. Und das Lächeln erinnert daran, wie wichtig die liebevolle Begleitung von einfühlsamen Menschen ist.

Wenn Schwerkranke diese aufmerksame Zuwendung erfahren und spüren, dass sie wertgeschätzt sind, die Beschwerden und Schmerzen gelindert werden, schwindet auch der Wunsch, dem Leben selbst ein Ende zu setzen.

Lassen statt machen

Die Hospizbewegung fördert diese Sorgekultur für die Menschen, die auf Hilfe angewiesen sind. Dr. Monika Renz, Theologin und Psychotherapeutin in der Schweiz, schreibt in ihrem Buch „Zeugnisse Sterbender" davon, dass die Euthanasie ein letztes großes „Machen" des Menschen ist. Wörtlich: „Das Loslassen von Macht und Selbstbestimmung kann auch zum Gewinn werden: in der Einordnung in den Lauf des Lebens, in etwas Umfassenderes finden Menschen zu neuer Freiheit, Lebendigkeit, Liebesfähigkeit." Wenn sich der Mensch im Sterbeprozess einem Größeren –

Gott, Schicksal, universaler Sinn oder was immer das ist – überlässt, wird er von tiefem Frieden, innerer Ruhe, Gelassenheit erfüllt.

Zeugung und Geburt „geschehen", so auch das Sterben.

Was ist im Leben wesentlich?

Ein Aphorismus von Angelus Silesius (1624–1677) lautet: „Mensch, werde wesentlich: Wenn dann die Welt vergeht, so fällt der Zufall weg, das Wesen, das besteht."

Dieses Wort legt gleich die Frage nahe: Was ist denn wesentlich? Oder: Was entspricht dem Wesen des Menschen? Das Zeitwort „wesen" bedeutet ursprünglich geschehen, dauern, sich entfalten, verweilen, währen.

Was von unserer Geburt bis zum Tode gleich bleibt, ist die Tatsache, dass wir uns nicht selbst gemacht haben. Das Leben wurde uns geschenkt, als Gabe und Aufgabe. Wir sind immer begrenzte Geschöpfe mit einem Anfang und Ende, angewiesen auf andere, ohne die wir nicht leben könnten. Wenn uns die Eltern nicht bejaht hätten, die Mutter uns nicht geboren, gestillt, gepflegt, berührt, angesprochen hätte, würden wir gar nicht leben.

Dieses In-Beziehung-Sein zu anderen gehört zu unserem Wesen, ebenso, dass wir ein Teil der Schöpfung, der Erde sind, auf der und von der wir leben. Dass wir glauben und hoffen und lieben können, dass wir einen Verstand haben, der uns über das Jetzt hinaus fragen und planen lässt und reflektieren, dass wir bewusst leben können, das alles zählt zu unseren wesentlichen Eigenschaften. Und dementsprechend sollten wir auch leben. Einige dieser Aspekte möchte ich herausgreifen.

Wir leben nicht allein auf einer Insel

Unser Leben ist nur im Miteinander möglich. Ich las den englischen Spruch: „It is not necessary to be perfect, but to be connected." Als Menschen leben wir voneinander und miteinander, auch füreinander. Oder, wie Martin Buber sagt: „Alles Wesentliche im Leben ist Begegnung!" Es erklärt auch, dass wir erst über das „Du" zum „Ich" werden. Erst durch die Begegnung mit einem, einer anderen erfahre ich, dass ich eine eigene Person bin. Und wir wissen alle, dass wir in unserem Beziehungsgeflecht einander zur „Hölle" oder zum „Himmel" werden können. Wir kennen beides. Aber sinnvoll leben können wir nur, wenn wir von anderen angeschaut, angesprochen, bejaht werden, wenn wir einen Platz haben, von dem uns niemand vertreibt, und dazugehören.

Verantwortlich leben

Natürlich sollen wir auch unseren Beitrag leisten, damit ein gutes Leben für alle möglich wird, fordert schon der griechische Philosoph Aristoteles. Das ist der Grundsatz jeder Ethik.

Mich begleitet schon lange ein Satz von Antoine de Saint-Exupéry:

Was ich aber am tiefsten verabscheue,
das ist die traurige Rolle des Zuschauers,
der unbeteiligt tut oder ist.
Man soll nie zuschauen.
Man soll Zeuge sein,
mittun und Verantwortung tragen.
Der Mensch ohne mittuende Verantwortung zählt
nicht!

Dieses Wort habe ich seit Jahrzehnten nie mehr vergessen, weil ich denke, dass wir nie bloß das Leben als Zuschauer betrachten dürfen. Ich bin überzeugt: Wenn wir einmal sterben, genügt es nicht, zu sagen: „Schau her, lieber Gott, ich habe saubere Hände; ich habe nie etwas Unrechtes getan, ich habe immer anständig gelebt."

Dann wird er wohl antworten: „Das ist mir zu wenig. Ich hätte lieber, deine Hände wären schmutzig, weil du hineingelangt hast in das Elend der Erde und in die Herausforderungen, die Welt zu verändern!"

Ich halte mich an das Gebet der Töpfer von Taizé, das mit der Bitte beginnt: „Herr, mach mich zu einer Schale, offen zum Nehmen, offen zum Geben, offen zum Beschenktwerden, offen zum Hergeben." Dieses Wort verwende ich oft für Hochzeitsansprachen, aber es gilt grundsätzlich für uns alle. Mit jedem Atemzug empfangen wir das Leben und die Früchte der Erde und die Liebe der Menschen … Aber genauso sollten wir auch bereit sein, unseren Beitrag für ein gelingendes Miteinander einzubringen.

Das Wort Verantwortung leitet sich ab von „antworten", und das setzt voraus, dass wir zuvor angesprochen wurden. Als Christen glauben wir, dass Jesus das Wort Gottes und seinen Anspruch an uns verkörpert, und er lautet: „Ich liebe dich, du Welt, du Mensch, und habe dich geschaffen, damit du mit deinem ganzen Leben meine Liebe weiterfließen lässt!" und nun liegt es in unserer Verantwortung, die Erde zu pflegen und das Zusammenleben im Geiste Jesu zu gestalten. Wir sind letztlich Gott gegenüber verantwortlich und auch den Menschen, mit denen wir zu tun haben.

Eltern tragen Verantwortung gegenüber den Kindern (und diese auch gegenüber den Eltern). Ähnlich alle, die mit Menschen zu tun haben: Ärzte und Ärztinnen, Lehrer und Lehrerinnen, Sozialarbeiter und Sozialarbeiterinnen, Psychologen und Psychologinnen usw.

Ein Mann kommt zu mir, der mit einer um einiges jüngeren Frau zusammenlebt. Nun hatte diese aus einer kurzen Affäre heraus ein Kind bekommen, das zudem leicht behindert ist. Für ihn war es eine schwere Entscheidung, ob er bei seiner Partnerin mit dem „Kuckuckskind" bleiben soll. Er wollte für sie das Beste und fragte sich, ob er das durchhalten kann. Das Ergebnis: Er sagte zu ihr: „Ich will, dass es dir gut geht. Und wenn es dir gut geht, geht es auch dem Kind gut!"

Ich habe die Situation hier sehr verkürzt dargestellt, aber habe großen Respekt vor dem Mann, der nach ernsthaften Überlegungen zu seiner Verantwortung steht, die aus der Liebe zu seiner Frau entstanden ist.

Um die Grenzen wissen

Früher wurde immer der Stolz als die Ursünde des Menschen bezeichnet, weil die Sünde der ersten Menschen darin bestand, wie Gott werden zu wollen (Gen 3,5) oder weil sie einen Turm mit einer Spitze bis zum Himmel bauen wollten (Gen 11,4). Liegt aber die Urversuchung nicht darin, dass der Mensch immer schon seine Geschöpflichkeit und Begrenztheit zu wenig akzeptieren will, sich selbst zum Herrn, zur Frau über die Schöpfung und das Leben macht und immer mehr auch die Erde ausbeutet und zerstört?

Wenn man bedenkt, wie viele Tierarten täglich verschwinden, wie über Jahrhunderte die Erde vergiftet und zerstört wird, dann kann man nur zutiefst erschrecken.

Immer wenn der Mensch sich an die Stelle Gottes setzt, fängt das Unheil an.

Deshalb wäre es gut, bescheiden zu bleiben, in allem, im Macherwahn unserer Zeit, in den Ansprüchen, im Lebensstil. Und das Wissen um die Vergänglichkeit gehört auch dazu.

Ich besuchte eine 97-jährige Dame, die nicht mehr gut sieht. Ihr Geist ist aber immer noch wach, und wöchentlich strickt sie zwei Paar Socken. Ich habe schon viele von ihr bekommen mit der Auflage, dass ich sie beerdigen solle, wenn es einmal „so weit" sei.

Sie gab mir einen Spruch von Dietrich Bonhoeffer, den ich für ihr Begräbnis verwenden könne:

*Der Tod kann friedlich kommen zu Menschen, die alt sind,
deren Stimme sagt: Es ist genug, das Leben war schön!*

Sie ist vorbereitet für das Sterben und hat keine Angst davor. Sie kann ihre Endlichkeit gut annehmen.

Die eigene Berufung erkennen und leben

Ich bin überzugt, dass jeder Mensch in seinem Leben eine ganz besondere und einmalige Aufgabe zu erfüllen hat. Kardinal John Henry Newman (1801–1890) schreibt: „Ich bin berufen, etwas zu tun oder zu sein, wofür kein anderer berufen ist. Gott kennt mich und ruft mich bei meinem Namen!"

So wie ein Baum an einem bestimmten Ort eingewurzelt ist und dort wachsen, blühen und Frucht bringen soll, bin ich an einem bestimmten Ort, zu einer bestimmten Zeit zur Welt gekommen und soll ich jetzt im Rahmen meiner Möglichkeiten das Beste aus meinem Leben machen. In der Bibel lesen wir das Gleichnis von den Talenten, die der Herr den Dienern übergibt, damit sie mit diesen gut wirtschaften und sie vermehren (Mt 25,14–30).

Die Frage ist dennoch nicht leicht zu beantworten, was denn Gott mit mir und für mich vorhat. Es hilft nicht weiter, wenn man sich dauernd mit anderen vergleicht, was die vielleicht besser können als ich, oder zu phantasieren: Was täte ich, wenn … Oft werden wir im Laufe des Lebens in bestimmte Situationen hineingeworfen, auch in eine Krankheit, in besondere Umstände, und da muss man immer neu fragen: „Und jetzt, lieber Gott, was ist nun dein Auftrag an mich?"

Eine Antwort finde ich in dem Satz, den ich irgendwo gelesen habe: „Mein Berufung liegt dort, wo die Nöte der Welt und meine Begabungen sich kreuzen."

Damit sind nicht immer die großen Herausforderungen unserer Zeit gemeint, die natürlich auch uns betreffen, aber es gibt auch die kleinen Schwierigkeiten in unserem Umfeld oder im eigenen Leben, die uns fordern oder die wir als Anruf an uns verstehen sollen. Ich finde es wertvoll, wenn Menschen als Umwelt- oder Friedensaktivisten sich einsetzen und der Kritik aussetzen. Gott sei Dank gibt es viele solche, aber es kann auch ein älterer Mensch mit Einschränkungen, der in der Nachbarschaft lebt, uns zu einer Hilfe bewegen.

Wer bin ich?

Dietrich Bonhoeffer hat im Jahre 1944 in seiner Todeszelle ein berührendes Gedicht geschrieben, in dem seine Not, sein Hin-und-her-gerissen-Sein zum Ausdruck kommt:

Wer bin ich? Sie sagen mir oft,
ich träte aus meiner Zelle
gelassen und heiter und fest
wie ein Gutsherr aus seinem Schloß.

Wer bin ich? Sie sagen mir oft,
ich spräche mit meinen Bewachern
frei und freundlich und klar,
als hätte ich zu gebieten.

Wer bin ich? Sie sagen mir auch,
ich trüge die Tage des Unglücks
gleichmütig, lächelnd und stolz,
wie einer, der Siegen gewohnt ist.

Bin ich das wirklich,
was andere von mir sagen?
Oder bin ich nur das,
was ich selbst von mir weiß?
Unruhig, sehnsüchtig, krank,
wie ein Vogel im Käfig,

ringend nach Lebensatem,
als würgte mir einer die Kehle,
hungernd nach Farben, nach Blumen,
nach Vogelstimmen,
dürstend nach guten Worten,
nach menschlicher Nähe,
zitternd vor Zorn über Willkür
und kleinlichste Kränkung,
umgetrieben vom Warten auf große Dinge,
ohnmächtig bangend um Freunde in endloser Ferne,
müde und leer zum Beten, zum Denken,
zum Schaffen,
matt und bereit,
von allem Abschied zu nehmen?

Wer bin ich? Der oder jener?
Bin ich denn heute dieser
und morgen ein andrer?
Bin ich beides zugleich?
Vor Menschen ein Heuchler
und vor mir selbst
ein verächtlich wehleidiger Schwächling?
Oder gleicht, was in mir noch ist,
dem geschlagenen Heer,
das in Unordnung weicht
vor schon gewonnenem Sieg?

Wer bin ich? Einsames Fragen treibt mit mir Spott.
Wer ich auch bin, Du kennst mich,
Dein bin ich, o Gott!

Dieses Gedicht beschäftigt mich schon viele Jahre. Vor allem die Frage: Wer bin ich?

Die Zwiespältigkeit des Verfassers ist gut nachvollziehbar und oft genauso meine eigene, auch wenn ich nicht in einer so angespannten und lebensbedrohten Lage bin wie Dietrich Bonhoeffer. Wir alle haben nicht nur zwei, sondern mehrere ganz unterschiedliche Seiten in uns. Wir können zum Beispiel freundlich und geduldig sein, aber auch grantig und ungehalten. Wir stehen manchmal mutig für eine Sache ein, und dann reagieren wir wieder feige. Wir vertreten ehrlich unsere Überzeugung, können aber auch anderen und uns selbst etwas vormachen. Wir fühlen uns ausgelaugt, und einige Zeit später erfüllt uns neue Energie und Lebensfreude.

Deshalb lässt sich die Frage nicht eindeutig beantworten. Wir sind vieles zugleich. Auch Dietrich Bonhoeffer lässt die Frage offen, aber er bekennt zum Schluss: „Wer ich auch bin, dein bin ich, o Gott." Sein Glaube ist wie eine große Klammer unter all seinen Fragen, die ihn auffängt.

Was uns letztlich hält und trägt

Das ist die Überzeugung, dass unser Leben einen Wert und Sinn hat, weil ein größeres Du dahintersteht, das uns gewollt hat und bejaht. Wir wurden nicht gefragt bei unserer Zeugung, und unsere Eltern auch nicht. Das Leben wurde uns einfach geschenkt. Aber lebensfähig wurden wir erst durch die Erfahrung, unbedingt geliebt zu sein. Für jedes Kind bedeutet es die schönste Erfahrung, wenn es im Bettchen liegt oder herumgetragen wird und über sich die stolzen, freudigen, strahlenden Gesichter der Eltern sieht. Mit der Zeit beginnt es zu reagieren, lächelt und strahlt es zurück. Dieses Erleben wirkt in einem schönen Segensgebet weiter, das wir oft hören: „Gott, lass dein Antlitz über uns leuchten!" Das heißt: „Behalte uns in deinem wohlwollenden, zärtlichen Blick, denn unter deinen Augen kann mein Leben gelingen, wird es gut, trotz allem!"

Sei was du bist, gib was du hast

Diese Worte stammen aus einem Gedicht von Rose Ausländer. Wer immer oder was immer wir sind, das ist letztlich nicht unwichtig, aber zweitrangig. Wir sollen einfach aus unserem Leben das Beste machen, nicht das Vollkommenste. Wir bleiben mit unserem Tun immer im Defizit. Aber es ist schon viel, wenn wir Tag für Tag versuchen (!), unsere Leben gut zu gestalten und ein paar gute Körner in die Ackerfurchen des Lebens zu säen. Das müssen nicht heroische Taten sein, großartige menschliche Leistungen, wie es von den Heiligen geschildert wird, die die Kirche in ihr Schaufenster stellt.

Die Aufforderung der Dichterin erinnert uns daran, dass wir nicht für uns allein auf der Welt sind, dass wir alle ein Stück zur Gesundung dieser Welt beitragen können, dass uns das Leben geschenkt wurde, und jetzt sollen wir etwas Gutes daraus machen. Bei Sterbenden erfahre ich oft, dass sie die Frage beschäftigt: Was habe ich geleistet oder gestaltet, welche Spuren habe ich hinterlassen, was ist aus meinem Leben herausgewachsen? Ich bin überzeugt, dass es letztlich darauf ankommt, wenigstens ein Stück weit geliebt zu haben. Am letzten Sonntag des Kirchenjahres wird in den Kirchen das Gleichnis von den Schafen und Böcken (Mt 25) vorgelesen, in dem die Menschen danach beurteilt werden, ob sie Gutes getan, den Hunger und Durst der Herzen ihrer Mitmenschen gestillt, die Bloßgestellten bedeckt, die Fremden aufgenommen, Kranke besucht, in ungefahrne Situationen Gefangene befreit oder ermutigt haben …

Wer weiß, wie lange?

Noch leben wir, aber wer weiß, wie lange? Niemand von uns kann sagen, wann ihre oder seine Zeit zu Ende geht. Heute schon oder morgen könnte es zu spät sein. Wir besitzen nichts, weder den kommenden Tag noch unser Leben. Deshalb ist es gut, den Wert der Dinge zu schätzen, tapfer die Herausforderungen anzunehmen, Lasten mitzutragen und da und dort ein Lächeln hervorzurufen, wie es die Liebe und das Wohlwollen Anderen gegenüber vermögen.

Gottesfragen

Wie kann Gott das zulassen?

Diese Frage taucht immer wieder auf, wenn etwas Tragisches passiert. Ich begleitete eine junge Mutter von vier Kindern, von zwölf Jahren abwärts, auf ihrem Sterbeweg. Sie hatte lange Zeit gekämpft, Operationen und Chemotherapien hinter sich. Man sah, dass es dem Ende zuging. „Ich habe schon einen ganzen See voll geweint", sagte sie, „jetzt will ich nur noch sterben. Ich kann nicht mehr, ich mag nicht mehr!" Am meisten plagte sie der Gedanke an die Kinder. Wie geht es mit ihnen weiter? Kurz vor ihrem Sterben hat sie sogar noch im Krankenbett geheiratet, denn das war schon lange ihr Herzenswunsch. Der Standesbeamte war gekommen, die Eltern, der Bruder, zwei Freundinnen und ich durften dabei sein.

In solchen Situationen steigt die Frage nach dem Warum auf und auch, wie Gott so etwas zulassen kann.

Der große Theologe Karl Rahner hatte von einem Jugendlichen einen Brief bekommen, in dem es verkürzt heißt: *Ich glaube nicht an einen Gott. Ich habe mir viele Gedanken darüber gemacht und glaube, dass es besser wäre, nicht an Gott zu glauben, denn sonst müsste man doch annehmen, dass er ein Sadist und Menschenhasser ist. Es gibt so viel Elend, Betrug und Mord usw. auf dieser Welt. Wäre Gott ein gütiger Vater, würde er das wohl nicht zulassen. Wenn Gott allmächtig ist und alles weiß, dann muss er auch bei unserer Schöpfung gewusst haben, wie wir uns entwickeln werden. Hat er uns geschaffen, um uns zu vernichten?*

Rahner antwortete dann, dass er noch am ehesten den Atheismus verstehen könne, der mit der Leidfrage nicht zurechtkomme.

Aber dann stellte er die Frage, ob man das Leid ohne Glauben an einen Gott, der ein Freund des Lebens und der Menschen ist, leichter ertragen könne.

Wir Christen vertrösten uns nicht auf einen Himmel, der nachher kommt, obwohl uns das oft vorgeworfen wird. Aber es gibt auch nicht den „Himmel auf Erden", ja doch ansatzweise, in den besten und schönsten Momenten des Lebens, die wir auch kennen, in denen wir uns sagen: So sollte es immer bleiben!

Unfertige Antworten

Die Bibel selbst kennt ganz unterschiedliche Antworten für das Problem, das in unseren Herzen brennt: Warum und wozu all das Elend?

Alles Schmerzliche sei eine Folge der Ursünde des Menschen, eine Strafe, eine Züchtigung, eine Läuterung, eine Prüfung, eine Fügung, eine Sühneaufgabe. Für all diese Erklärungen könnte ich Bibelstellen anführen.

Aber steht nicht auch in der Heiligen Schrift, dass Gott von unserem Leid angerührt ist. *Ich bin dort, wo du bist*, sagt er zu Mose beim brennenden Dornbusch (vgl. Ex 3,14). Er führt uns in die Freiheit, begleitet uns durch die Wasser aller Tränen und Fluten, in denen wir untergehen, er ist ein mitgehender Gott, der selbst hineingeht in die „Höllen" dieser Welt, der uns anstiftet zur Hoffnung und zur Liebe trotz allem, was dagegen spricht.

Ich kenne viele Leute, die in ihrem Leben unglaublich viel Schweres durchgemacht haben, die trotzdem Lebensfreude ausstrahlen und sogar sagen „Mir geht es gut!" Wirklich erstaunlich.

Dennoch bleibt vieles unbegreiflich und es gibt keine fertigen Antworten. Für mich ist dieser Jesus am Kreuz, der einerseits schreit: *Mein Gott, mein Gott, warum hast mich verlassen?* (Mk 15,34) und gleichzeitig sagen kann: *Vater, in deine Hände lege ich meinen Geist!* (Lk 23,46), die tröstlichste Antwort auf das, was uns auf der Seele brennt.

Ich bekam von einer Frau, die an Krebs gestorben ist, einen Stein, den sie selbst kurz vor ihrem Tod bemalt hat. Der Gesteinsbrocken symbolisiert ihr „Krebsgeschwür", ihre Metastasen. Aber das Erstaunliche: Auf hellem Untergrund hat sie einen wunderschönen Engel dargestellt. Ich denke dabei an das Lied von Dietrich Bonhoeffer, der in der Silvesternacht 1944/45 im Wissen um sein Todesurteil schreiben konnte: *Von guten Mächten treu und still umgeben, behütet und getröstet wunderbar, so will ich diese Tage mit euch leben und mit euch gehen in ein neues Jahr. Von guten Mächten wunderbar geborgen, erwarten wir getrost, was kommen mag. Gott ist mit uns am Abend und am Morgen, und ganz gewiss an jedem neuen Tag.*

Ich bin überzeugt, dass Gott nicht Krankheiten schickt oder dass er willkürlich unseren Lebensfaden abschneidet: Den lasse ich neunzig werden, die lasse ich mit vierzig an Krebs sterben, den durch einen Verkehrsunfall, die durch einen Herzinfarkt. Manche meinen, das sei alles Vorherbestimmung. Das kann ich nicht glauben. Wenn in Äthiopien die Lebenserwartung dreißig Jahre kürzer ist als bei uns, dann nicht, weil Gott das so will, sondern weil dort die medizinische Versorgung, die Ernährung und die Lebensbedingungen eben anders sind als bei uns. Ich denke, Gott greift nicht „von oben" herab ein, sondern er gibt uns die wunderbare Zusage: *Fürchte dich nicht, denn ich habe dich ausgelöst, ich habe dich beim Namen gerufen. Du gehörst mir! Wenn du durchs Wasser schreitest, bin ich bei dir, wenn durch Ströme, dann reißen sie dich nicht fort. Wenn du durchs Feuer gehst, wirst du nicht versengt, keine Flamme wird dich verbrennen* (Jes 43,1f).

Nicht zerreden, sondern annehmen und bekämpfen

Vom Kopf her ist es einsichtig: Das Leid ist einerseits das Zeichen dafür, dass unsere Welt noch nicht vollendet, perfekt ist, sondern sich in einem dauernden Werden mit Katastrophen, Vulkanausbrüchen, Erdbeben, Krankheiten, Seuchen befindet, verbunden mit andauerndem Tod. Andererseits glaube ich, dass der größere Teil allen Unheils vom Menschen selbst stammt, der seine Freiheit missbraucht, anderen und sich selbst zum Schaden.

Aber letztlich bleibt vieles, wohl das meiste, unerklärlich.

Wir als Teil dieser Schöpfung, mit Freiheit und Vernunft begabt, ausgestattet mit der Fähigkeit zu lieben, zu vertrauen, zu hoffen, können nur mit allen Kräften das Leid bekämpfen, beseitigen, mildern, lindern.

Viele tun es im Blick auf Jesus, der ein sympathischer, wörtlich mit-leidender Gott ist.

Ein Trostbeispiel

Eine Frau, die ich vor Jahrzehnten getraut habe und die vor fünf Jahren ihren Mann durch einen tödlichen Unfall verloren hatte, schenkte mir eine Karte mit dem Bild von einer italienischen Landvilla mitten in einem goldgelben Sonnenblumenfeld, aber die grünen Fensterläden waren geschlossen.

Sie erzählte mir, wenn sie traurig sei, gehe sie in Gedanken über eine hohe Türschwelle in dieses Haus. Drinnen sei es dämmrig. Im Empfangsraum stehe ein kleines Kanapee. Sie lege sich darauf, weine eine Zeit lang und dann verlasse sie wieder dieses Haus. Nachher sei es ihr ein bisschen leichter.

Auf die Rückseite der Karte hatte sie geschrieben: „Bei dem abgebildeten Haus sind die Fensterläden zu. Bei mir fühlt es sich auch so an. Aber ich glaube, mit Gottes Hilfe gibt es sicher wieder eine Zeit, in der ich langsam einen Fensterladen nach dem andern öffnen und mit offenem Herzen in die Zukunft blicken kann, was immer sie auch bringen mag!"

Ich finde es sehr gut, dass sie immer wieder in die Trauer „hineingeht", aber nicht drinnen bleibt und wahrnimmt, was draußen ist.

Der jüdische Songwriter Leonard Cohen hat eine wunderbare Textzeile geschrieben, die mich sehr berührt: „Forget your perfect offering. There is a crack in everything. That's how the light gets in!" – „Vergiss deine wohlfeilen Gaben! Es ist ein Riss in allem. Durch diesen Riss fällt das Licht!"

Es ist ein Riss in allem, der Riss der Krankheit, der seelischen Belastungen, der Kränkungen, des Unfriedens, letztlich auch des Todes. Die Liste ist uferlos. Natürlich haben wir oft Mühe, ein Licht zu sehen, wenn die Belastungen zu groß sind, wir keine Kraft mehr haben und das Herz weint. Dennoch gibt es immer wieder kleine Lichtpunkte. Wie wohl tut es, wenn man/frau nach einer Operation wieder selbst auf die Toilette gehen kann oder das Frühstück schmeckt. Und der kleine Vogel auf dem Fensterbrett wird zu einem Gruß des Himmels. Vor allem aber sind es auch die Menschen, die dem Herzen kleine Flügel geben können, die ein Licht im Riss sind.

Glaubst du an Engel?

Das fragte mich eine Frau im Laufe eines Gesprächs. „Ja, schon, aber …"

Dieses „Aber" muss ich genauer erklären.

Als Kind hatte ich über meinem Bett ein Bild hängen, das sich mir tief eingeprägt hat:

Zwei Kinder gehen über eine wacklige Brücke, unter der ein Wildbach tost. Dahinter und darüber steht ein Engel mit großen Flügeln, der die Kinder schützend begleitet. Diese Darstellung vom Schutzengel ist noch ganz lebendig in mir. „Es kann mir nichts passieren", dachte ich.

Es gibt unendlich viele Darstellungen von Engeln, die der menschlichen Phantasie entspringen. Ich ließ einmal Schülerinnen ihre Schutzengel zeichnen. Ganz interessant, welche Vorstellungen alle von „ihrem" Engel hatten. Auch in der Bibel kommen immer wieder Engel vor als Boten Gottes, die eine Nachricht bringen, die begleiten, heilen und trösten, die Weisungen erteilen und Grenzen setzen, die trösten oder Freude vermitteln, die aus dem Feuer retten oder aus der Löwengrube, die im Traum oder in Menschengestalt erscheinen, die trösten und begleiten, die aufwecken, Fesseln lösen, Drohungen aussprechen, stärken und vieles mehr. Immer wird damit gesagt, dass Gott selbst eingreift und wirkt.

Die Engelsgeschichten deuten an, dass es noch „mehr" gibt zwischen Himmel und Erde, als wir wissen, sehen, greifen und verstehen können. Die Engel verkörpern eine dritte Dimension zwischen der äußeren Welt, in der wir leben, die uns umgibt, und dem inneren Bereich unserer Gefühle, des Bewussten und Unterbewussten. Ob die Engel, also Boten Gottes, personale Geistwesen sind oder ob diese Wirkmächte symbolisch verstanden werden, ist eigentlich zweitrangig.

Theologisch kann man sagen, dass von alters her die Engel zur Glaubenswelt gehören. Sie werden als Geschöpfe Gottes gesehen und sind geistig personale Mächte oder Wesen.

Der Ort, wo wir sie erfahren, ist unser Herz. Gott zeigt in ihnen seine Nähe. Deshalb kann auch ein Mensch zum Engel werden.

Dennoch steht nichts von ihnen im Glaubensbekenntnis. Sie bleiben wie Gott selbst ein Geheimnis und verweisen gleichzeitig auf ihn.

Von der Psychologie C. G. Jungs her können die Engel als spirituelle Führungskräfte der Seele beschrieben werden, als archetypische Symbole oder Energien, die eine heilende und erschreckende Wirkung haben. („Fürchte dich nicht …")

Engelerfahrungen heute

Ich führte ein Gespräch mit einer Frau, die in einer Scheidungskrise steckte und es sehr schwer hatte. Sie erzählte mir ein interessantes Erlebnis. Beim Laufen durch den Wald hörte sie ganz deutlich eine innere Stimme, die ihr die eher ungewohnten Worte sagte: „Es ist dir zum Wohle!" Nun sei sie überzeugt, dass dieser Prozess der Trennung ihr Gutes bringe, auch wenn jetzt noch alles sehr schwer und dunkel sei.

Nun könnte man das sofort psychologisch deuten als Wunschdenken usw. Aber – wer weiß, vielleicht war es auch eine Stimme „von oben"?

Ähnlich berichtete mir ein Mann, er habe nach einer schweren Krebserkrankung, Operation und Chemotherapien in einer Kapelle ganz klar im Herzen die Zusage gehört: „Ich schenke dir noch zehn Jahre." Ich kann das einfach als seine Erfahrung annehmen und so stehen lassen. Auch hier gibt es viele Erklärungsmöglichkeiten. Da braucht es keine Engel, und doch, wer kann ausschließen, dass es innere Erfahrungen gibt, die wir letztlich Gott zuschreiben?

Der Psychologe C. G. Jung schreibt: *Der Mensch ist nicht nur ein Ich, sondern in ihm ist eine Welt des Unbewussten, das aus ihm einwirkt.*

Daraus können destruktive Kräfte kommen, aber auch Engel, die uns eine Ahnung vermitteln von Schönheit, Güte, Weisheit und Gnade. (Bd II, 680). Es sind nach seinen Worten *spirituelle Führungskräfte der Seele.*

Gibt es nicht auch ein inneres Wissen und Ahnen, das wir letztlich Gott zuschreiben dürfen?

Auch Menschen können Engel sein

Wie oft sagen wir zu jemandem: „Dich schickt der Himmel!", oder: „Du bist ein Geschenk des Himmels!" Sind diese Menschen nicht auch auf irgendeine Weise Boten Gottes?

Ein wunderschönes Gedicht von Rudolf Otto Wiemer lautet:

Es müssen nicht Männer mit Flügeln sein,
die Engel.
Sie gehen leise, sie müssen nicht schrein,
manchmal sind sie alt und hässlich und klein,
die Engel.
Vielleicht ist einer, der gibt dir die Hand,
oder wohnt neben dir, Wand an Wand,
der Engel.
Dem Hungernden hat er das Brot gebracht,
der Engel.

*Dem Kranken hat er das Bett gemacht,
der Engel.
Er hört, wenn du rufst in der Nacht,
der Engel.
Er steht im Weg und der sagt: Nein,
der Engel.
Groß wie ein Pfahl und hart wie ein Stein –
Es müssen nicht Männer mit Flügeln sein,
die Engel.*

Manches ist zu hinterfragen

Es gibt heutzutage, vor allem in der Esoterik, für mich sehr seltsame Praktiken und Überzeugungen. Da findet man Engelskarten mit besonderen Weisungen oder Affirmationen, Engelsbücher und Engelsmärkte, Engel zum Aufhängen und Umhängen, ein richtiger Geschäftsboom mit den Engeln. Natürlich sieht man auch in den Kirchen manch Fragwürdiges, vor allem im Barock, z. B. die Engelputten, rund und putzig, als Symbole für ein „fülliges" Leben bei Gott, aber eben der menschlichen Phantasie entsprechend. Die Engel dürfen nie an die Stelle Gottes treten, indem man von ihnen das Heil und die Rettung erwartet. Sie stehen nach den Aussagen der Bibel immer im Dienste Gottes, sind seine Vermittler, aber nicht die Bewirker von Heil und Heilung. Die Engel werden leider oft instrumentalisiert, benützt, wenn wir von ihnen etwas erhoffen, was wir nur von Gott empfangen können. Da ist immer eine gewisse Nüchternheit angebracht.

Mit Engeln rechnen

Papst Johannes XXIII. pflegte zeitlebens zu seinem Schutzengel eine innige Beziehung. Nach der Papstwahl habe ihm dieser in einem Traum gesagt: „Giovanni, nimm dich nicht so wichtig!". Oder er sagte: „Wenn ich einmal mit jemandem sprechen muss, von dem ich weiß, dass er absolut keiner vernünftigen Argumentation zugänglich ist, und bei dem eine bestimmte Form der Überredung eingesetzt werden muss, dann bitte ich meinen Schutzengel darum, den Schutzengel der Person, mit der ich zusammentreffen muss, über alles zu informieren. Ist einmal zwischen den beiden höheren Wesen ein Einverständnis erreicht, so verläuft auf diese Weise die Unterredung unter den besten Voraussetzungen und wird erleichtert."

Das mag etwas seltsam klingen. Dennoch erinnern wir uns wohl alle an Situationen, in denen wir uns sagten: „Da habe ich einen guten Schutzengel gehabt!" Und viele Eltern empfehlen ihre Kinder auf dem Schulweg oder bei einer Reise deren Schutzengeln an.

Gibt es eine Hölle?

Diese Frage taucht immer wieder auf. Doch bevor ich eine Antwort gebe, möchte ich mich mit dem Begriff „Hölle" beschäftigen, denn viele Leute haben völlig falsche Vorstellungen davon, was damit gemeint ist. Sie stellen sich die Hölle als jenseitiges KZ vor. Es gibt unzählige Bilder von einem schrecklichen Ort mit Flammen, von grausamen Folterszenen und sexuellen Perversionen, von gehörnten Teufeln. Eine schreckliche Verfälschung der biblischen Botschaft!

Leider waren vor allem im Mittelalter bis herauf zur Neuzeit Höllenpredigten beliebt, doch sie entspringen der Phantasie der Prediger, um den Leuten Angst zu machen und sie so zu einem sittlichen Leben zu motivieren. Man könnte fast meinen, dass der Himmel in der Schadenfreude bestehe, welche die Geretteten angesichts des Loses der Verdammten empfinden, die am Ende für die sündigen Erdenfreuden bestraft werden, um die sie die Frommen insgeheim beneideten.

Die Sprache der Bibel

In der Heiligen Schrift gibt es keine Hölle, wie wir sie uns vorstellen. Vorab ist es wichtig, dass von diesem Zustand nach dem Tod immer nur in Bildern gesprochen werden kann, weil ihn niemand von uns erlebt hat, abgesehen von den vielen „Höllen" auf dieser Erde, wenn Menschen einander Grausames antun oder sie in schrecklichen Umständen leben.

Jesus spricht von der „Gehenna", dem ewigen Feuer. Gemeint ist damit das Hinnon-Tal unter der Westmauer Jerusalems. Es diente als Kloake und Müllhalde der Stadt. Die Gase dieses Abfalls zündelten andauernd vor sich hin. Und „ewig" heißt im Griechischen nicht unendlich, sondern eine lange Zeit.

Das zweite Wort lautet „Abyssus", eigentlich „Abgrund", das manche mit Hölle übersetzen.

Das dritte Wort für den Höllenzustand heißt hebräisch „scheol", griechisch „Hades". Damit ist das Reich des Todes gemeint, die Unterwelt. Bei der Vorstellung, dass die Erde eine Scheibe ist, dachte man auch, dass es „unten" Höhlen gibt, wo die Verstorbenen hingelangen.

Wir beten ja lange: „Hinabgestiegen in die Hölle" und dachten dabei, dass der Auferstandene hinunterging in das Reich des Todes, um dort die Tore zu öffnen und die Gerechten heraufzuholen in die Gemeinschaft mit Gott, in den Himmel.

Wichtig ist bei all diesen Begriffen, dass sie „nur" Bilder sind, metaphorische Aussagen und keine wirklichen Realitäten.

Deshalb schreibt auch der heilige Paulus: „Wir werden alle gerettet *wie* durch Feuer hindurch" (vgl. 1 Kor 3,15). Zudem ist auch zu bedenken, dass die semitische Sprache und Erzählkunst immer in Gegensatzformulierungen und -bildern arbeitet, um eine Botschaft herauszuheben, also schwarz-weiß: selig – wehe, die auf der rechten und auf der linken Seite, die Geretteten und die Verdammten. Der dunkle Hintergrund soll die helle Aussage umso mehr aufleuchten lassen.

Was Jesus wirklich sagt

Einerseits wollen alle „Höllenworte" nur darauf hinweisen, dass unser Leben von der realen Möglichkeit des Scheiterns bedroht ist, wenn der Mensch sich total der Liebe oder Gott verweigert. Sünde bedeutet immer einen Mangel an Liebe und eine „Verkrümmung" in sich selbst. In der Schule brachte ich oft den Vergleich: Ein Kind, das sich in einen unbändigen Zorn hineinsteigert, sitzt vielleicht in der Ecke, den Kopf in die Arme vergraben. Es will nichts sehen und hören, baut sozusagen einen „Damm" um sich (das ist Verdammung). Aber irgendwann kommt es doch wieder aus seiner Wut und Verschlossenheit heraus.

Ähnlich könnte es sein, dass sich ein Mensch total gegen andere und gegen Gott verschließt, aber wir dürfen hoffen, dass er sich doch einmal von ihm in den Arm nehmen lässt. Das wäre der Himmel.

Jean-Paul Sartre sagt: *Die Hölle, das sind die anderen!* Ja, wir schaffen uns letztlich die Hölle selbst im Missbrauch unserer Freiheit. (Und ohne diese gibt es keine Liebe.)

Jesus redet manchmal von diesem Zustand. Aber er bringt auch eine andere Botschaft.

Die Frohe Botschaft, die er verkündet und lebt, lautet, dass sein Vater ein Gott voll Erbarmen ist.

Deshalb kann ich mir nicht vorstellen, dass Gott jemanden verstößt, in die Hölle verbannt, straft. *Gott will, dass alle Menschen gerettet werden*, verkündet der heilige Paulus (1 Tim 2,4).

Er nimmt den weggelaufenen Sohn, der bei den Schweinen gelandet ist, wieder auf, er gibt den „Denar" seiner Liebe allen, auch denen, die es nicht verdienen, er verspricht dem Straßenräuber den Himmel. Er verzeiht 70 mal sieben Mal, also immer. Auch wenn wir gottlos gelebt haben, wir werden Gott nicht los. Oder lieblos, wir bleiben dennoch in seiner Liebe.

Wir können und dürfen von keinem Menschen sagen, er sei in der Hölle, auch nicht von Hitler, Stalin und wie die Massenmörder heute heißen.

Früher meinte man, dass Judas sicher verdammt sei. Aber die Worte im Johannesevangelium, er wäre besser nicht geboren oder er sei der Sohn des Verderbens, bedeuten nicht, dass Gott ihn für ewig von sich stößt und von seiner Liebe ausschließt.

In der gotischen Kirche in Vézelay in Burgund ist in einem Kapitell ein wunderbares Relief zu sehen: Jesus trägt den toten Judas. Wie ein Schaf hängt dieser dem guten Hirten um die Schultern. Auch der Verräter ist nicht verloren. Und wohin trägt er ihn? Natürlich heim zum Vater. Wohin denn sonst? So trägt er alle, die Schuldig-Gewordenen, die Geringen, die Schwachen, die Betrüger und Gauner und Ehebrecher zu Gott. Darin zeigt er die erlösende Liebe.

Das bedeutet allerdings keinen Freibrief, dass wir leben können, wie wir wollen, böse, gemein, ungerecht, unmenschlich, rücksichtslos usw. Wer so denkt, hat von der Liebe überhaupt nichts verstanden, die uns dazu drängt, uns auch ihr entsprechend zu verhalten. Das Negative wird uns in unserem Sterben auf der Seele brennen, vielleicht furchtbar (das meint das Bild des Fegefeuers). Das wird eine schmerzliche Geburt sein, aber wir dürfen glauben, dass Gott uns trotzdem mit offenen Armen erwartet.

Noch etwas: Das Wort vom Letzten Gericht heißt ebenfalls nicht, dass Gott uns verurteilt (das wird uns das eigene Herz tun), sondern dass er unser Leben richtet, richtig macht. Deshalb dürfen wir auch als Torso sterben, unfertig, mangelhaft. Ein tröstlicher Gedanke!!

Was kommt nach dem Tod?

Was haben wir nicht alles gelernt

Schon in der Volksschule mussten wir den Katechismus auswendig lernen, auf jede Frage die richtige Antwort. Z. B.: „Wer ist Gott?" „Gott ist der gerechte Richter, der das Gute belohnt und das Böse bestraft." Das kann ich heute so nicht mehr glauben. Wir hatten damals automatisch die Vorstellung, dass uns nach dem Sterben Gott wie ein Richter empfängt, das Sündenregister durchschaut, und je nach der Bilanz kann man dann durch die Himmelstüre gehen, oder durch die andere Türe ins Fegefeuer, wo man noch die offenen Sündenstrafen qualvoll abbüßen muss, oder man wird mit der Hölle bestraft, wenn man mit einer schweren Sünde das Leben beendet hat. Für mich stimmt das aus meiner heutigen Glaubenssicht absolut nicht mehr.

Allein schon die Fragestellung ist problematisch

Natürlich beschäftigt viele dieses Thema, was im oder nach dem Sterben geschieht. Aber reden wir nicht viel zu schnell vom Leben nach dem Tod, vom Jenseits und von der Auferstehung? Ich habe viele Leute kennengelernt, die hatten andere Sorgen: „Was ist, wenn ich Hilfe brauche? Habe ich genug für meine Kinder getan? Wie kommt meine Frau oder mein Mann mit dem Leben zurecht, wenn ich nicht mehr da bin? Falle ich anderen zur Last? Was bleibt von meinem Leben?"

Besser wäre es, sich zu fragen: Was geschieht *in* meinem Tod? Denn bei Gott gibt es keine Zeit, auch kein Danach. Letztlich können wir nur als Glaubende darüber sprechen. Aber das ist keine Abwertung. Nehmen wir das Größte und Wichtigste: die Erfahrung von menschlicher Zuneigung und Liebe. Dass jemand uns liebt, können wir „nur" gefühlsmäßig spüren und auch glauben. Da helfen keine wissenschaftlichen Analysen.

Und was dann nach dem letzten Atemzug geschieht, wenn allein noch der tote Körper daliegt, entzieht sich unserem Wissen. Beim Anblick eines toten Menschen habe ich immer das Gefühl eines großen Geheimnisses und ich frage mich: Wo bist du jetzt? Wie wird das auch für mich sein? Was ist mit allen Geheimnissen und Erfahrungen deines Lebens, mit deiner ganz persönlichen Geschichte?

Der russische Dichter Jewgenij Jewtuschenko schreibt:

Jeder hat seine eigene, geheime, persönliche Welt.
Es gibt in dieser Welt den besten Augenblick,
es gibt in dieser Welt die schrecklichste Stunde;
aber dies alles ist uns verborgen.

Und wenn ein Mensch stirbt,
dann stirbt mit ihm sein erster Schnee
und sein erster Kuss und sein erster Kampf …
All das nimmt er mit sich.

Was wissen wir über die Freunde, Brüder und Schwestern,
was wissen wir schon von unserer Liebsten?
Und über unseren eigenen Vater
wissen wir, die wir alles wissen, nichts.

Die Menschen gehen fort …
Da gibt es keine Rückkehr.
Ihre geheimen Welten können nicht wiederentstehen.
Und jedes Mal möchte ich von neuem
diese Unwiederbringlichkeit hinausschreien.

Wir können nur in Bildern reden

In jedem Menschen leben die Erlebnisse und Erfahrungen seiner Vergangenheit. Tief in unserem Un- und Unterbewussten ruht die ganze Geschichte unseres Lebens, die nur uns gehört. Wird sie im Sterben einfach ausgelöscht? Ich denke, wir alle nehmen das Helle und Dunkle, das Getane und das Versäumte, die Liebe und die Lieblosigkeit, die schönsten und die schwersten Stunden und alles dazwischen mit zu dem Gott, der für uns in Jesus sichtbar geworden ist, der das „Gesicht" Christi hat, der uns mit offenen Armen entgegenkommt, der durch und durch der Liebende und Erbarmende ist.

In der Begegnung mit ihm können wir ihm und uns selbst nichts mehr vormachen. Da können wir ihn und uns nicht mehr anlügen. Unser Leben wird glasklar vor unseren inneren Augen offenliegen.

Dann wird die Einsicht über alles Versäumte und Ungute unseres Lebens uns schmerzlich auf der Seele brennen. Diese bittere Selbsterkenntnis ist das, was früher Fegefeuer genannt wurde. Deshalb kann der heilige Paulus, wie schon vorhin erwähnt, in 1 Kor 3,13–15 schreiben, *dass das Feuer prüfen wird, was das Werk eines jeden taugt.*

Er wird gerettet wie (!) durch Feuer hindurch! Das sind natürlich bildliche Aussagen, die wir richtig deuten müssen.

Aber – gleichzeitig öffnet sich uns dabei der Himmel, weil wir von einem Gott in den Arm genommen werden, der uns unsere Schuld verzeiht, alle Defizite auffüllt, die Tränen abwischt und uns sagt: „Jetzt ist alles gut!"

Keine Geschäfte mit Gott

Es ist noch nicht so lange her, da gab es bei uns eine „Arme-Seelen-Frau". Der erschienen nachts „arme Seelen". Gemeint sind damit die Verstorben, die noch im Fegefeuer leiden müssen, und die nun dieser Frau sagten, wie viel für sie gebetet werden oder wie viele heilige Messen für sie gefeiert werden sollten, damit sie endlich erlöst sind und zu Gott kommen. Dieser „Handel" mit Gott war mir immer schon suspekt: So viel religiöse Leistung, so viel Gnade und Erlösung. Diese Vorstellung ist unbiblisch. Das Leben bei Gott bleibt immer ein unverdientes Geschenk.

Vor allem ist zu bedenken, dass es im Jenseits keine Zeit gibt, auch nicht zwischen dem persönlichen Gericht in unserem Tod und dem Jüngsten Gericht am Ende der Welt. Das sind alles menschengemachte Konstruktionen, z. B. die Vorstellung, dass die letzte Läuterung eine bestimmte Zeit dauert, dass die Seele zuerst ohne Leib ist und dass wir erst am Ende der Zeit leiblich auferstehen, dass die Menschen, die tausend Jahre nach uns leben, erst diese Zeit später zu Gott kommen.

Die Ewigkeit ist zeitlos. Darum macht es Sinn, wenn wir für Verstorbene vor uns oder nach uns beten, denn unser Gebet kommt immer „rechtzeitig" an und stärkt die Verbindung zu denen, für die wir dankbar, liebevoll, sorgend, hoffend beten.

Wie kann man Gott erfahren?

Das grundsätzliche Problem liegt darin, dass wir als begrenzte Wesen den unendlichen Gott nie erfassen oder begreifen können, so gerne wir das hätten. Er bleibt für uns ein Geheimnis. Wir können zudem nur in Metaphern von ihm reden. Wir sagen beispielsweise in Anlehnung an Jesus: Gott ist unser Vater. Richtigerweise müssten wir sagen: Er ist *wie* ein Vater, *wie* eine Mutter. Schon das vierte Laterankonzil stellte 1215 fest, dass bei allen analogen Aussagen über Gott die Unähnlichkeit immer größer ist als die Ähnlichkeit. Unsere Elternerfahrungen, die wir auf Gott übertragen, stimmen nur teilweise. Gott ist so und doch noch in größerem Maße ganz anders.

Das Problem mit dem Sehen

Wie kann man einem Menschen, der von Geburt an blind ist, erklären, was Rot ist oder dass das, was er angreift, unterschiedliche Farben hat? Wir sagen ihm: Es gibt ein knalliges Rot, ein samtenes, ein warmes, ein dunkles oder helles Rot? Dennoch ist es unmöglich, ihm die Farben anschaulich zu machen.

Von Gott sehen wir nur die Spuren seines Wirkens und Seins, aber nicht ihn selbst. Er bleibt ein Geheimnis.

Im Blick auf die faszinierende Größe und Weite des Kosmos, des Weltalls in unermesslichen Dimensionen mit Milliarden Galaxien, jede mit Milliarden Sternen und einer Entfernung von Milliarden Lichtjahren, können wir nur fasziniert etwas von der Größe Gottes erahnen.

Das hängt mit den Augen des Herzens zusammen und mit dem Staunen-Können. Wer bei einem Spaziergang in der Morgensonne in einem Spinnennetz Tautropfen in den Regenbogenfarben glitzern sieht, wird innerlich berührt und erahnt dabei etwas von der Herrlichkeit Gottes.

Wer hingegen wie ein Physiker oder Chemiker feststellt: Das sind so und so viel Kubikmilliliter des Elementes H_2O, der oder die hat nur einen ganz oberflächlichen Blick und im Grunde nichts verstanden und gesehen.

In den Wundern der Schöpfung leuchtet vieles von der Fülle dieses Gottes auf, der, wie die Bibel sagt, ein Freund des Lebens (Weish 11,26) und der Menschen ist.

In der Schule zeigte ich sehr oft den eindrucksvollen Film: „Die Berührung des Lichts". Da wurden Kinder einer Blindenschule gezeigt, die mit ihren Händen die Gesichter der anderen ertasteten, oder Kirschblüten am Baum, junge Hundewelpen, auch ausgestopfte Tiere oder die Reliefs an einem Brunnen, und man hatte das Gefühl, dass sie innerlich viel mehr sehen als wir mit den „normalen" Augen. Auf das innere Sehen kommt es an, und die Behutsamkeit, mit der wir uns den Dingen nähern.

Im Buch Exodus (33,18–23) wird berichtet, dass Mose Gott sehen wollte. Doch der Herr antwortet ihm: *Du kannst mein Angesicht nicht schauen; denn kein Mensch kann mich schauen und am Leben bleiben. Dann sprach der* HERR*: Siehe, da ist ein Ort bei mir, stell dich da auf den Felsen! Wenn meine Herrlichkeit vorüberzieht, stelle ich dich in den Felsspalt und halte meine Hand über dich, bis ich vorüber bin. Dann zieh ich meine Hand zurück und du wirst meinen Rücken sehen. Mein Angesicht kann niemand schauen.*

Eine wichtige Aussage. Uns geht es nicht besser als dem Mose. Wir erblicken Gott nie direkt, aber im Nachhinein können wir oft sagen: Doch, da und da war Gott am Werk, habe ich etwas vom Erbarmen oder von der Liebe und Treue Gottes erblickt.

Mit den Augen des Herzens und des Glaubens erblicken wir auch in den Ereignissen unseres Lebens vieles von diesem unsichtbaren Gott. Und wenn wir zurückschauen auf unser Leben, haben wir da nicht oft das Gefühl gehabt, das hat Gott so gefügt?

Noch eine Möglichkeit gibt es, Gott zu sehen. Jesus sagt: *Wer mich sieht, sieht den Vater* (Joh 14,8).

Bei Jesus hatten die Menschen das Gefühl, Gott wohnt gleich nebenan, mehr noch, er ist bei ihm direkt zum Greifen.

Die Schwierigkeit beim Hören

Das zuerst entwickelte Sinnesorgan des Menschen ist das Ohr. Schon im Mutterleib kann ein Kind hören, lernt es, die Stimme der Mutter kennen, reagiert es unterschiedlich auf Rock- oder Mozartmusik. Und wenn alle Sinne erlöschen, kann ein Sterbender, eine Sterbende doch noch hören, bis zum Ende des Lebens. Das Ohr ist das Tor zum Leben, sagt eine indische Weisheit.

Dennoch klappt es mit dem Hören nicht so recht. Der Prophet Jesaia klagt: *Die Ohren sind offen und doch hört er nicht* (Jes 42,20). Es ist interessant, dass die gläubigen Juden täglich am Morgen und am Abend laut beten: *Höre, Israel, der* H{\small ERR}*, unser Gott, der* H{\small ERR} *ist einzig*! (Dtn

6,4). Es hat doch einen Grund, dass sie sich diese Ermahnung jeden Tag zwei Mal in Erinnerung rufen müssen. Warum mahnt Jesus öfters: *Wer Ohren hat, der höre!* (Mt 11,15 par). Oder er seufzt: *Habt ihr denn … keine Ohren, um zu hören* (Mk 8,18).

Geben wir's zu: Unsere Ohren sind oft verstopft durch den Dauerlärm. Die Tonverschmutzung unserer Zeit ist ärger als die Lichtverschmutzung. Die Augen kann man noch zumachen, die Ohren aber nicht. Was lärmt und plärrt nicht ununterbrochen aus Millionen von Lautsprechern! Die Stille ist für viele unerträglich, die Dauerbeschallung auch.

Wie soll man da noch etwas von Gott hören?

Im 1. Buch der Könige wird berichtet, dass der Prophet Elija auf der Flucht vor der Königin Isebel, die ihm nach dem Leben trachtete, nach langem Marsch am Gottesberg Horeb ankam. Und dann wörtlich: *Dort ging er in eine Höhle, um darin zu übernachten. Doch das Wort des Herrn erging an ihn: Was willst du hier, Elija? Er sagte: Mit leidenschaftlichem Eifer bin ich für den Herrn, den Gott der Heerscharen, eingetreten … und nun trachten sie auch mir nach dem Leben. Der Herr antwortete: Komm heraus und stell dich auf den Berg vor den Herrn! Da zog der Herr vorüber: Ein starker, heftiger Sturm, der die Berge zerriss und die Felsen zerbrach, ging dem* HERRN *voraus. Doch der* HERR *war nicht im Sturm. Nach dem Sturm kam ein Erdbeben. Doch der* HERR *war nicht im Erdbeben. Nach dem Beben kam ein Feuer. Doch der* HERR *war nicht im Feuer. Nach dem Feuer kam ein sanftes, leises Säuseln. Als Elija es hörte, hüllte er sein Gesicht in den Mantel, trat hinaus und stellte sich an den Eingang der Höhle* (1 Kön 19,9–13).

Bei Schulungen verwende ich zum Thema Kommunikation oft eine kleine Musikwalze, die man nur ganz schwach hört. Aber wenn ich sie dann auf einen Tisch, ein Pult stelle, ertönt ganz deutlich hörbar ihre Melodie, weil jetzt ein Resonanzkörper sie verstärkt. Diese Aufgabe sollte unser Herz übernehmen, indem es die leise Stimme Gottes aufnimmt und zum Klingen bringt. „Nehmt Gottes Melodie in euch auf", schreibt der heilige Ignatius von Antiochia (gest. um 115 n. Chr.) Aber dazu muss man still werden und das Hören üben. Schon Elija erfuhr, dass Gottes Stimme nur „im leisen Säuseln des Windes" vernehmbar wird.

Wie geht das konkret?

Wir können allein irgendwo wandern, uns in eine Kirche oder daheim in einen gemütlichen Stuhl setzen, oder einfach liegen – im Bett, auf dem Kanapee. Und dann steigen Gedanken in uns auf, sie kreisen um ein Thema, eine Frage. Wir lassen sie kommen und gehen, schauen ihnen zu. Sie sind durchaus nicht immer die Stimme Gottes, sondern können unsere fixen Ideen sein, unsere Wünsche und Verdrängungen, unsere Wunden, aber wer weiß, vielleicht, vielleicht redet auch Gott zu uns. Schütteln wir das, was in uns aufsteigt, durch das „Sieb" der Wahrhaftigkeit, der Ehrlichkeit, der Güte, der Liebe, und dann erahnen wir zumindest, was uns Gott in dieser Situation sagen möchte.

Stille ist die Sprache Gottes, alles andere ist Übersetzung. (Dschelal ed-Din Rumi)

Der Wunsch, ihn zu spüren

Es gibt Menschen, die erzählen, sie hätten ein ganz besonderes Gotteserlebnis gehabt und seien von seiner Gegenwart ergriffen gewesen. Das mag es geben. Aber wir kennen auch das Gefühl der Gottferne und Gottleere. Allerdings, Gefühle können uns täuschen und sich ändern. Da dürfen wir Gottes Zusage: „Ich bin da, ich bin dort, wo du bist" mehr trauen als uns selbst.

André Frossard, Mitglied der kommunistischen Partei in Frankreich, hat ein Buch geschrieben: „Gott existiert. Ich bin ihm begegnet". Der überzeugte Atheist war 1935 ganz zufällig, weil er auf einen Freund wartete, in eine kleine Kirche in Paris gegangen und kurze Zeit später total verwandelt als zutiefst Glaubender wieder herausgekommen. Wie das geschehen war, konnte er nur in etwa beschreiben. Jedenfalls hatte er eine unmittelbare Gottesbegegnung.

Das klingt fast unglaublich. Unsere Gotteserfahrungen sind meistens nüchterner und trockener. Zumindest meine. Aber ... Frei nach Karl Rahner möchte ich die Frage stellen:

Haben wir schon einmal geschwiegen, obwohl wir uns zuerst verteidigen wollten?

Haben wir schon einmal jemandem die Hand zur Vergebung gereicht, obwohl wir im Herzen doch noch einen Groll hatten? Haben wir schon einmal jemandem geholfen, obwohl wir keinen Dank erwarten durften und es andere als selbstverständlich annahmen. Haben wir schon einmal geschwiegen, obwohl wir das Fehlverhalten eines, einer anderen am liebsten angeprangert hätten? Haben wir uns schon einmal zu etwas entschieden, was andere als Dummheit ansahen, aber wir waren unserem Gewissen gefolgt? Haben wir schon gebetet, ohne große Gefühle zu haben und obwohl wir innerlich müde und leer waren?

Ich bin überzeugt, dass gerade in dem, was nicht selbstverständlich ist, der Geist Gottes und damit Gott selbst uns angerührt hat. Wo das übliche Verhalten aufgebrochen wird, erfahren wir, spüren wir Gottes Gegenwart. Er ist in seiner unendlichen Liebe auch der ganz Andere.

Von ihm fließt uns die Kraft zu, ebenfalls „anders" zu sein und über unsere Natur hinaus zu reagieren. Wo Menschen sich selbst in einem kümmerlichen Bemühen um Liebe überschreiten, berühren sie Gott.

Wozu brauche ich die Kirche?

Drei typische Meinungen dazu:

Ich bin in der Pfarrgemeinde beheimatet. Manches, was in der Kirche läuft, gefällt mir nicht. Dennoch ist für mich der Gottesdienst und sind die Rituale im Ablauf des Kirchenjahres wichtig. Auch die Sakramente. Da werde ich in meinem Glauben bestärkt. (Frau, 45)

Die Kirche ist für mich unglaubwürdig geworden. Sie tauft, firmt, traut und beerdigt, aber sie kann den christlichen Glauben nicht mehr retten. (Lehrer, 42)

Kirche? Ist mir völlig egal, damit habe ich nichts zu tun. (Arzt, 39)

Dahinter stecken viele, leider auch negative Erfahrungen.

Grundfrage: die Absicht Jesu

Etwas vereinfacht und doch sehr richtig kann man sagen: Jesus hat Gemeinschaft hergestellt. Das war sein Grundanliegen. Er hat den Kontakt, die Kommunion, die Gemeinschaft gesucht mit den Armen und Geringen, mit den schuldig Gewordenen, mit den Ausländern und Andersgläubigen, mit den Frauen und sogar mit den Dirnen, hat mit den Menschen aller Ebenen gegessen und getrunken. Er hat die religiösen Schranken aufgehoben und ging auch zu den „Heiden", die rassischen Schranken (für ihn galt nicht: Juden und Nichtjuden), die kulturellen Schranken (der Mensch steht über dem Sabbat), die politischen Schranken (er half auch dem römischen Hauptmann). Seine Haltung verdichtet sich im Abschiedsmahl mit seinen Freunden und wohl auch Freundinnen. *Tut das zu meinem Gedächtnis*, sagt er, praktiziert das so weiter!

Deshalb ist die Feier der Eucharistie – verbunden mit der Fußwaschung – das zentrale Tun der Kirche: Spiritualität und Solidarität, Aktion und Kontemplation. Der Auftrag am Schluss jeder Messfeier lautet: *Gehet hin in Frieden! Lebt aus der Verbundenheit mit Christus, tragt bei zu einem guten Miteinander, gebt dem Frieden Raum!* Und das gilt für die ganze Welt: *Geht hinaus zu allen Völkern …!* (vgl. Mt 28,19)

Es ist unmöglich, privat Christ zu sein

Natürlich ist der Glaube zutiefst eine persönliche Sache, ein im innersten Herzen angerührtes und überzeugtes Sein. Als Christen haben wir den

Glauben Jesu übernommen. *Ihm – Jesus – glaube ich Gott* (Kurt Marti). Er hat den erbarmenden und liebenden Gott verkündet und sichtbar gemacht. In ihm leuchtet auf, was das Wichtigste ist, nämlich dass wir Gott und den Mitmenschen lieben wie uns selbst (vgl. Lk 10,27). Also kann man auch nicht allein Christ sein.

Das lateinische Wort für Kirche lautet „ecclesia", und das leitet sich ab vom griechischen „ek-kalein", was wörtlich heißt: „heraus-rufen, berufen". Die Kirche sollte also eine Auswahlmannschaft oder -frauschaft sein, die anschaulich macht, was der Traum Gottes für diese Welt ist. Wir sollten der Welt „vorspielen", wie es nach dem Plan Gottes unter uns zugehen soll, wie es gut werden kann mit der Welt und den Menschen. Er will, dass wir ihn und einander lieben, dass wir in Gemeinschaft leben mit ihm und anderen Menschen. Dazu brauchen wir immer auch die anderen, die Gemeinschaft der Kirche.

Das Elend und die Chance der Kirche

Es gibt keine perfekte und vollkommene Kirche, weil sie immer eine Gemeinschaft von Gerechten und Ungerechten, von Heiligen und Sündern, von Guten und Bösen ist. Es „menschelt" in der Kirche, oft sogar sehr stark. Das letzte tragische Beispiel sind die vielen Missbrauchsfälle. Deshalb können wir uns auch nicht total mit der Kirche identifizieren, zumindest nicht mit ihren dunklen Anteilen. (Und geben wir's zu: Sobald wir uns selbst zur Kirche zugehörig fühlen, hört sie auf, fehlerlos zu sein.)

So manche Kirchenerfahrungen sind bitter und belastend.

Aber ich verdanke der Christengemeinschaft auch ungeheuer viel. Ich bin in ihr beheimatet, habe hier meine religiösen Wurzeln.

Die Kirche hat die Botschaft Jesu bewahrt. Im Raum der Kirche ist die Bibel entstanden. Zuerst gab es ja nur die mündlichen Erzählungen von Jesus. Sie hat den Strang der Tradition gepflegt und geschützt. Heutzutage berufen sich alle Sekten und nicht kirchlich religiösen Gemeinschaften auf die Bibel, aber sie interpretieren die Texte nach ihrem Belieben und Verständnis.

Die Kirche hat auch die alten Rituale der Sakramente gepflegt und praktiziert, und sie tut es heute noch. Ein ungeheurer Schatz.

Und ich möchte auch betonen: Trotz mancher Fehlentwicklungen haben Christen zu allen Zeiten doch den Glauben, konkret die Nächstenliebe praktiziert. Wie viel Liebe ist durch sie hereingeflossen in unsere Welt!

Das Konzil bringt zwei wichtige Bilder für die Kirche. Sie ist der „Leib Christi", ein lebendiger Organismus, und wir alle sind seine Teile, „Glieder", mit all unserer Begrenztheit die Verkörperung Jesu.

Das andere Bild: Die Kirche ist das „Volk Gottes unterwegs", wie vor urdenklicher Zeit das Volk Israel, das aus Ägypten in die Freiheit geführt wurde. Deshalb ist die Kirche immer „vor-läufig", im doppelten Sinn: Wir sind noch nicht am Ende, vollendet, und gehen vorwärts, suchen immer neu, die Absichten Gottes umzusetzen. Der Satz wird Augustinus zugeschrieben, stammt aber aus der calvinistischen Theologie, Anfang des 17. Jahrhunderts: „Ecclesia semper reformanda", die Kirche ist immer reformbedürftig, „oben" und „unten".

Inkonsequent

Frag hundert Katholiken
was das Wichtigste ist
in der Kirche.
  Sie werden antworten:
  die Messe.

Frag hundert Katholiken
was das Wichtigste ist
in der Messe.
   Sie werden antworten:
   die Wandlung.

Sag hundert Katholiken
dass das Wichtigste in
der Kirche die Wandlung ist.
   Sie werden empört sein:
   Nein, alles soll bleiben
   wie es ist!
      Lothar Zenetti

Drei Missverständnisse

Die Kirche muss nicht „schön" sein. Sie hat keinen Selbstzweck, sondern die Funktion eines Baugerüstes. Das braucht man, um ein Gebäude zu errichten. Nachher bricht man es wieder ab. Das Gerüst muss nur halten und dem Bauwerk nützen. So soll auch die Kirche einzig dem Wachsen des Reiches Gottes dienen, das hier beginnt und bei Gott einmal vollendet wird. Gemeint ist damit ein Leben in Wahrheit, Gerechtigkeit, Liebe und Frieden: ein Leben in der lichtvollen Gemeinschaft mit Gott.

Es galt auch lange der Grundsatz, der von Cyprian von Karthago (gest. 258) stammt: „Außerhalb der Kirche kein Heil." Weil Jesus der Weg, die Wahrheit und das Leben ist, dachte man, dass man nur über die Kirche, den fortlebenden Christus, das Heil, das Leben bei Gott erreicht. *Wer glaubt und sich taufen lässt, wird gerettet* (Mk 16,16). Das heißt doch, dass Jesus für uns *der* Weg zu Gott ist. Aber was ist mit den vielen anderen, dem größeren Teil der Menschen, die nicht zum Glauben an Jesus gekommen oder getauft sind? Schreibt nicht Paulus: *Gott will, dass alle Menschen gerettet werden!* (1 Tim 2,4)?

Für mich stimmt absolut die Feststellung von Kurt Marti: „Außerhalb der Kirche kein Heil. Neutestamentlich müsste der Satz lauten: Außerhalb der Liebe keine Heil!"

Ich habe schon vor Jahrzehnten beim Jesuiten Ladislaus Boros gelernt, dass man diesen Satz auch umdrehen kann: „Überall, wo Heil geschieht, ist Kirche." Wo immer Menschen heilsam wirken, liebevoll miteinander leben, füreinander da sind, vermitteln sie sich eine Erfahrung Gottes. Das kann auch bei Nichtchristen, Andersgläubigen, sogar Ungläubigen geschehen.

Damit ist das dritte Thema angesprochen. Man sah lange die Sakramente als den einzigen

Weg, um Gottes vergebende Zuwendung und Liebe, sprich: Gnade, zu bekommen. Diese Zeichen und Rituale machen sinnenhaft erfahrbar, dass Gott uns heilend und rettend nahekommt, uns sozusagen in den Arm nimmt. Die Sakramente sind wie eine Art Schauglas, das den Niederschlag auffängt und sichtbar macht, was „vom Himmel" herunterfließt. Aber der „sanfte Regen" der Menschenfreundlichkeit und Güte Gottes strömt überall auf uns Menschen herab, auch unkontrolliert und nicht messbar, auch neben den Sakramenten.

Umgekehrt

Die Frage: Wozu brauche ich die Kirche? könnte auch umgedreht werden: Die Kirche braucht Sie, dich, mich, um das Programm Jesu umzusetzen. Sie buchstabiert die Botschaft Gottes hinein in unsere Zeit und Welt, und dazu braucht sie konkrete Menschen, die sich von Jesus inspirieren, begeistern lassen. Jede und jeder von uns ist gefragt.

Zudem könnte man die Frage auch abändern und sich überlegen: Was habe ich von der Kirche? Etwas provokant gesagt: vierzehn Feiertage, dazu noch Weihnachts-, Oster- und Pfingstferien. Und im Grunde auch 52 Sonntage, die die Christen mit der Auferstehung Jesu verbinden. Dann eine Menge schöner Kirchenbauten und viele andere kulturelle Schätze, wunderschöne Malereien, Musik, Skulpturen, Dichtung …

Aber das größte Geschenk ist die Bibel, der Glaube an Jesus Christus, die Werte und die Ethik der christlich-abendländischen Kultur und vieles mehr. Wir wären ohne sie um vieles ärmer.

Warum soll ich sonntags in die Kirche gehen?

So fragen sehr oft junge Menschen, die mit den Ritualen und meist offiziellen liturgischen Gebeten nicht mehr viel anfangen können. Aber auch Ältere, die aus irgendeinem Grunde von der Kirche enttäuscht worden sind, die sich religiös entfremdet oder ihren Glauben immer mehr privatisiert haben und sagen: „Ich kann auch so ein guter Christ sein."

Wenn wir in der Schule über dieses Thema diskutierten, sagte ich etwas salopp: „Natürlich sind die, die sonntags in die Kirche laufen, nicht besser als die anderen, aber sie gehen in die Messe, damit sie besser werden!"

Was hat sich geändert?

Ich möchte zuerst von einer persönlichen Erfahrung ausgehen. In Rankweil, wo ich aufgewachsen bin, steht die Pfarrkirche, heute Basilika, auf einem fünfzig Meter hohen Felsen. Sie thront sozusagen wachend und beschützend über den Häusern der Gemeinde. Wie viele Menschen sind all die Jahrhunderte da hinaufgestapft, oft mit einem „Rucksack" voller Sorgen oder auch mit einem tiefen Dank im Herzen. Sie haben dort oben alles abgeladen, was sie mitgebracht haben, ihre Anliegen und Sorgen, haben gebetet, den Gottesdienst mitgefeiert und sind dann nachher hinuntergegangen in ihre Familien und Beziehungen, auch in den Alltag, der sie wieder erwartete. Sie haben vor allem bei der Messfeier erlebt und wieder glauben gelernt, dass es Wandlungen gibt – im Leben und auch im Tod.

Ähnlich wird von den ersten Christen erzählt, dass sie sich regelmäßig am Sonntag, dem Tag der Auferstehung Jesu, in den Häusern getroffen haben, um miteinander das „Brot zu brechen", Eucharistie zu feiern. Sie brauchten das, um als Glaubensgemeinschaft zu bestehen. Im Jahre 304 n. Chr. wurden in Karthago 49 Christen zum Tode verurteilt, weil sie sich am Sonntag zum Gottesdienst versammelt hatten. Ihre Antwort vor dem Richter: „Wir können ohne das Herrenmahl nicht sein!" Aber offensichtlich können das heute doch recht viele, die sich zur Gemeinschaft der Getauften zählen.

Zur Zeit Jesu hing im Tempel ein großer Vorhang, der den Blick zum Allerheiligsten dahinter verdeckte. Nur der Hohepriester durfte einmal im Jahr diesen innersten Raum betreten, wo sich die Bundeslade, das Zeichen der Gegenwart Gottes, befand.

Auch heute scheinen uns viele „Vorhänge" die Sicht zu nehmen für das Verständnis der heiligen Messe, die für uns das Allerheiligste darstellt.

So ein Vorhang könnte die Sprache im Gottesdienst sein. Obwohl wir seit dem Konzil in der Muttersprache beten und singen, sagen doch viele, gerade junge Menschen: „Die Texte und Lieder, auch die Predigt, klingen in unseren Ohren fremd, wie eine andere Sprache. Wir verstehen das nicht!"

Vielleicht verdeckt die Macher-Haltung unserer Zeit („Wir brauchen keinen Herrgott!") den Blick für das, was in der Messe geschieht. Die Lebensrhythmen sind auch anders geworden. Sonntags schlafen viele aus. Zudem fehlt oft das Verständnis für die Rituale der Kirche.

Diese und noch manch andere „Schleier" lassen die Menschen nicht mehr „dahinter" sehen.

Und trotzdem

Die Feier der Eucharistie ist lebensnotwendig für uns als Christen und als Glaubensgemeinschaft. Wie das Blut zum Herzen strömt und dann wieder sauerstoffbeladen hinausfließt in den Körper, so lebt auch eine Christengemeinde in diesem „Zwei-Takt": Zusammenkommen, sich am Tisch des Wortes und Brotes stärken lassen, und dann wieder auseinandergehen in die alltäglichen Verpflichtungen und Dienste. Immerhin kommen jeden Sonntag zehntausende, hunderttausende Menschen in unserem Land in die Kirche, weil ihnen der Gottesdienst doch viel bedeutet.

Er ist die Intensivstation für den Glauben: Wir hören ein Wort der Bibel, wir werden gestärkt in der Kommunion, wir erleben uns als Gemeinschaft, wir bekommen Impulse für unser Leben, und das Wichtigste: Wir werden selbst verwandelt, ermutigt, getröstet, bestärkt und gehen (hoffentlich) als andere wieder hinaus. Die Messfeier öffnet Hoffnungsfenster: Es wird sich alles zum Guten fügen. Wir holen in unseren Gebeten Lebende und Verstorbene herein in unser Leben.

Als ein Urlauber in Frankreich erlebte, dass nur einige ältere Frauen den Gottesdienst mitfeierten, fragte er den Abbé, ob es sich schon lohne, für die paar wenigen Mitfeiernden die Messe zu zelebrieren. „Wenige?", antwortete er. „Die Kirche ist voll. Jede dieser Frauen bringt im Herzen so viele mit, für die sie beten, dass die Kirche wirklich voll ist!"

In dieser Feier geschieht Vernetzung, Kommunion, wächst Gemeinschaft. Ich habe öfter erlebt, dass bei den Werktagsgottesdiensten eine treue Schar von Christen da ist. Und wenn dann ein Platz ein paar Tage leer blieb, fragten die anderen gleich nach: „Was ist mit der oder dem, warum kommt sie oder er nicht? Sind sie krank?" Und gleich einmal wurde mit ihnen Kontakt aufgenommen.

Ich selbst denke manchmal: Es ist doch interessant und beeindruckend: Vor 2000 Jahren hat Jesus diese schlichte Ritual mit Brot und Wein zum Abschied von seinen Jüngern und Jüngerinnen vollzogen, und seither wurde dieses Mahl auf der ganzen Welt millionenfach, milliardenfach weiter praktiziert, wirkt damit auch sein Geist weiter, wird sein Anliegen wachgehalten.

Voraussetzungen

Eine schöne Sinngeschichte erzählt: *Als Kind traf ich mich auf dem Schulweg mit meinem Freund Peter immer an einer Kreuzung. Wer als Erster kam, wartete auf den andern, sonst aber hinterließ er auf einer Steinbank einen Kieselstein. Lag der Stein unter der Bank, so hieß das, der Freund war noch nicht da gewesen.*

Wer von denen, die vorbeikamen, konnte die Bedeutung des Kieselsteines erkennen? Es bedurfte der Augen unserer Freundschaft. So ist es auch mit den Zeichen, die Gott uns gibt! (Gérard Bessière)

Das heißt doch: Ein rechtes Verständnis für die Messfeier werden nur die Menschen finden, die wenigstens anfangshaft schon eine Beziehung zu Jesus haben oder aufbauen wollen, denen Christus und seine Botschaft wichtig sind.

Alle Sakramente sind nach den Worten des Konzils „Zeichen und Werkzeug der Gemeinschaft mit Gott und untereinander". Das gilt besonders für die Messfeier. Sie macht sichtbar, dass Gott die „Kommunion" mit uns Menschen sucht, und bewirkt eine Vertiefung der Beziehung zu ihm und zu den anderen.

Um den Sinn und Wert der Eucharistie zu begreifen, muss man die Zeichensprache dieser Rituale verstehen und sie auf sich wirken lassen. Dann be-wirken sie auch etwas.

Man muss hineinwachsen in diese Feier. Wer nur einmal im Monat oder Jahr meditiert oder Jogaübungen macht, wird dabei nicht viel spüren. Erst die wiederholte Übung zeigt auch Wirkung. Genauso ist es beim Gottesdienst.

Noch etwas: Manche Leute sagen: „Ich gehe lieber in den Wald oder auf die Berge. Dort kann ich besser beten als in der Kirche." Das mag sogar stimmen, aber Jesus sagte nicht: „Gehe in die Natur und bete dort", sondern: „Tut dies zu meinem Gedächtnis!" Und als Gemeinschaft, in der wir einander glauben und leben helfen, brauchen wir dieses Zusammenkommen.

Zukunftsfragen

Wie wird unsere Zukunft ausschauen?

Wir feierten in der Bildungsanstalt für Elementarpädagogik den Schlussgottesdienst vor den Ferien, den eine Klasse vorbereitet hatte. Es war kein „Schmusegottesdienst" mit schönen Gedanken und Wünschen für die Ferien, im Gegenteil. Das Thema lautete: „Es wird einmal", statt „Es war einmal", wie alle Märchen beginnen. Die Schülerinnen hatten sich intensiv damit auseinandergesetzt, wie unsere Welt in zwanzig, fünfzig, hundert Jahren aussehen wird und was wir heute tun müssen, damit sie noch lebenswert sein wird, enkeltauglich, wie wir heute sagen. Sie hatten dazu das Märchen vom Dornröschen verwendet, das durch den Kuss eines Prinzen aus dem langen Schlaf erweckt wurde. Wir müssen heute aufwachen und handeln, lautete der Appell des Gottesdienstes.

Das persönliche Gefühl

Dr. Albert Lingg, ehemaliger psychiatrischer Leiter eines Krankenhauses, den ich auch persönlich kenne, sagte in einem Zeitungsinterview auf die

Frage: „Wird die Welt immer verrückter?": *Ich habe in der Pension nun mehr Zeit, die Dinge zu beobachten. Und man muss schon aufpassen, um nicht pessimistisch zu werden. Da wehre ich mich aber klar dagegen. Mit Kindern und Enkeln muss man Zweckoptimist sein, und es gibt durchaus auch sehr viele positive Dinge. Wir sind so fasziniert von den technischen Möglichkeiten, dass wir sie bis zum Exzess nutzen. Wir bauen Lifte, wo immer wir Platz finden, können mit dem Verkehr kaum mehr umgehen, fliegen in der Weltgeschichte herum, als gebe es kein Morgen. Wir haben einmal einen Vortrag eines Start-up-Unternehmers gehört, der vorgeschlagen hat, man solle jedem ein digitales Gen einpflanzen. Da ist mir schlecht geworden …*
(„Wann und wo", 23. Juni 2019, S. 15)

Es gäbe noch viele weitere Themen, die uns an der Zukunft zweifeln lassen: die Umweltzerstörung und -vergiftung, die atomare Bedrohung und Verseuchung, die Kriegsspiele der Politik, die steigenden Nationalismen, die über 20.000 Toten auf dem Boden des Mittelmeeres, die Flüchtlingsströme, die Gegensätze von Nord und Süd, die Reichen und Armen, die Klimaveränderung und vieles mehr.

Der Traum von Martin Luther King

Am 28. August 1963, also vor bald sechzig Jahren, hielt der Bürgerrechtskämpfer Martin Luther King in Washington vor 250.000 Menschen seine berühmte Rede und sagte dabei: *Ich habe einen Traum, dass eines Tages auf den roten Hügeln Georgias die Söhne* (heute auch: Töchter) *der ehemaligen Sklaven und die Söhne der ehemaligen Sklavenhalter in der Lage sein werden, sich zusammen an den Tisch der Brüderlichkeit zu setzen … Ich habe einen Traum, dass meine vier kleinen Kinder eines Tages in einer Nation leben werden, wo man sie nicht nach ihrer Hautfarbe, sondern nach ihrem Charakter beurteilen wird … Dann werden wir den Tag herbeirufen, da alle Kinder Gottes, ob schwarz oder weiß, ob sie Juden, Protestanten, Katholiken oder Heiden sind, sich die Hände reichen und die Worte des alten Negro-Spirituals singen können: Endlich frei! Endlich frei! Großer, allmächtiger Gott, wir sind alle endlich frei!*

Und ich möchte ergänzen: frei von Gleichgültigkeit, von Egoismen aller Art, von Verantwortungslosigkeit, Ausbeutung, Ungerechtigkeit und Unfrieden.

Aber – können wir das realistisch erhoffen? Rein menschlich gesehen nicht. Für mich hängt die Frage nach der Zukunft immer mehr mit dem Glauben zusammen. Im Blick auf die Vernunft der Menschen habe ich oft Zweifel, ob die Menschheit gescheiter wird. Da bin ich eigentlich skeptisch. Die Rettung kommt nicht von den Banken und von der UNO, nicht von der Politik und der Gender-Ideologie, nicht von allem Möglichen. Wenn, dann kommt sie nicht von „unten", sondern von „oben".

Gott träumt auch vom gemeinsamen Tisch

Nicht nur Martin Luther King.

Das Zentrum jeder christlichen Kirche bildet der Altar (und unsichtbar damit verbunden die Fußwaschung).

Schon in vorchristlichen Zeiten gab es bei allen Religionen Altäre, auf denen den Göttern oder dem einen Gott geopfert wurde. Je größer der Altar und die Menge der Opfertiere waren, umso gnädiger sollten die Gottheiten für die Menschen gestimmt werden, so glaubten die Anhänger antiker Religionen. Es wurde ein Tauschhandel mit Gott betrieben, den aber Jesus endgültig beendet. *Barmherzigkeit will ich, nicht Opfer*, sagt er in Mt 9,13.

Er ersetzt den Altar mit einem Tisch und zeigt damit, dass der menschenfreundliche Gott sich an eine Tafel mit uns Menschen setzt und die Gemeinschaft mit uns sucht. Eine radikale Wende.

Es fängt schon an mit der Hochzeit von Kana, bei der Jesus sicher auch gegessen und getrunken, geredet und wohl auch gesungen hat. Und er spricht so von Gott, seinem Vater, als wohne er gleich nebenan.

Jesus setzt sich zu Tische mit dem Zöllner Levi, der mit den Römern kollaborierte und den Leuten das Geld aus der Tasche zog. Natürlich war das für die frommen Juden ein Ärgernis. Aber Gott schreibt offensichtlich keinen ab.

Auch mit Martha und Maria pflegt er die Tischgemeinschaft, die eine geschäftig und überfordert, die andere will lieber zuhören und reden. Mit beiden isst und trinkt er.

Es wird vom Mahl beim Pharisäer Simon berichtet, bei dem eine Dirne hereinkommt, vor Jesus hinkniet, mit ihren Tränen seine Füße nass macht und sie mit den Haaren trocknet. Auch die in der Gesellschaft Verachteten dürfen mit ihm am Tische sein.

Jesus nimmt am Mahl teil beim Betrüger Zachäus, der sich mit Geld größer machen will und auf einen Baum klettert, weil ihn Jesus interessiert. Und genau dieser Mann spürt die Zuneigung Jesu und erkennt jetzt, dass im Verschenken das größere Glück liegt als im Geld-Horten. Es gibt noch viele Erzählungen von Mählern, an denen Jesus teilnimmt, sodass ihm die Gegner vorwerfen, er sei *ein Fresser und Säufer, ein Freund der Zöllner und Sünder,* so wortwörtlich (Mt 11,19).

Und beim Abendmahl setzt sich Jesus an einen Tisch mit dem Verräter Judas und zeigt damit, dass die erbarmende und vergebende Liebe Gottes keinen, gar keinen ausschließt.

Schließlich geht er mit den beiden trostlosen Jüngern nach Emmaus, die dann beim Brotbrechen erkennen: Jesus ist wirklich lebendig bei uns. Auch die anderen Jünger erleben das, weil der Auferstandene mit ihnen ein Stück gebratenen Fisch isst (Lk 24,42).

Einmal im Jahr, an Fronleichnam, erinnern wir uns nicht nur an all das, sondern wir gehen in den Pfarrgemeinden hinaus und stellen an verschiedenen Plätzen vier Altäre auf, also vier Tische, und wir sagen damit: Schaut her, Gott will uns an seinem Tisch haben, und er kommt auch in unsere Häuser und Gemeinschaften, er sucht die Tischgemeinschaft mit uns. Das ist ein Grund zum Feiern.

Gott – mit uns am Tisch und gleichzeitig haben wir Platz an seinem Tisch. Jetzt schon, und dann einmal, wenn wir sterben. Das wird sein wie eine Hochzeitstafel, zu der wir alle eingeladen sind.

Wir dürfen glauben, dass uns nichts, überhaupt nichts, von der Liebe Gottes trennen kann, wie Paulus schreibt (vgl. Röm 8,35–39). Eine ungeheuer tröstliche Botschaft: Wir alle haben Platz an seinem Tisch. Gott verlangt keine Vorleistung, sondern er selbst sucht die Gemeinschaft, wörtlich die Kommunion mit uns, und er lädt uns alle bedingungslos ein. Bei ihm müssen wir keinen Ausweis vorweisen, keine Liste von guten Werken. Jede, jeder ist eingeladen. *Kommt alle zu mir*, an meinen Tisch, *die ihr mühselig und beladen seid* (Mt 11,28).

Die Eucharistie hält das Versprechen wach: Wir Menschen haben eine Zukunft, eine gute sogar, nicht weil wir so vernünftig und vorausschauend sind, so rücksichtsvoll und bescheiden in den Ansprüchen, dass unsere Kindeskinder noch eine gute Welt vorfinden, sondern weil wir glauben, dass Gott sogar noch aus den Scherben unserer Schöpfung neues Leben schafft. Jedes Jahr, wenn wir Ostern feiern, trauen wir Gott das zu, dass es Auferstehung gibt, auch für die ganze Welt.

Persönliches Fazit: Ich glaube an eine gute Zukunft, weil ich an Jesus glaube.

Noch ein Grund zum Hoffen

Vielen ist die Geschichte vom Guten Hirten bekannt, der hundert Schafe hütet, und eines läuft ihm davon. Nun lässt er die anderen 99 zurück, um den Ausreißer zu suchen. Die Hirtenhunde werden die Herde schon zusammengehalten haben.

„So macht es Gott", sagt Jesus. Er merkt, wenn ihm eine, einer fehlt. In der Bildsprache heißt das: Für Gott ist jede, jeder Einzelne wichtig. Das ist oft schwer zu glauben. Vor kurzer Zeit sprach ich mit einer Frau, die schwer erkrankt ist, und sie fragte: „Warum muss ich das haben?" Ich versuchte, ihr zu erklären, dass Gott keine Krankheiten schickt, sondern dass er auch sie gerade in ihrer belastenden Situation sucht und ihr nachläuft.

Können wir das wirklich glauben, dass Gott unablässig auf der Suche nach uns ist? Wir kennen den Satz des heiligen Augustinus: *Unruhig ist unser Herz, bis es Ruhe findet in Gott!* Ich würde dieses Wort umkehren: *Unruhig ist Gott in seinem Herzen, bis er bei uns ankommt und bei uns einen Platz findet!*

Und deshalb sucht er uns, wenn wir ins Elend rennen oder fallen. Wir alle können verloren gehen, uns selbst verlieren – z. B. in der Arbeit, in Geschäftigkeit, in Sorgen, in irgendeiner Sucht, auch in der Einsamkeit, Traurigkeit, Sinnlosigkeit.

Solange wir dann wie das Schaf noch rufen, nach Gott schreien können, ist es gut.

Wir haben früher gesungen: „Herr, du hast mein Fleh'n vernommen ...", aber selbst, wenn wir verstummen, uns die Worte im Hals steckenbleiben, das Beten unmöglich wird, wir nichts mehr sagen können, hört Gott auch das Ungesagte, den wortlosen Schrei unseres Herzens.

Im Gleichnis heißt es weiter, dass der Hirt das Schaf so lange sucht, *bis (!)* er es gefunden hat. Gott hört also mit seiner Suche nicht auf und wird auch alle finden, die ihm davonlaufen und nicht mehr zurück können. Das Maß unserer Verlorenheit ist für Gott das Maß seines Suchens.

Das brachte mich auf einen gewagten Gedanken: Selbst wenn wir nach unserer Vorstellung im Fegefeuer oder in der Hölle gelandet wären, auch dort würde er uns suchen und finden, weil er uns nie seine Liebe aufkündet. Im Psalm 139 betete ein Mensch schon vor 3000 Jahren: *Wohin könnte ich vor dir fliehen? Egal, wo ich bin,* „oben" oder *"unten", deine Hand ergreift mich. Befinde ich mich in der Unterwelt, in der Finsternis oder wende ich mich dem Bösen zu, auch dort bist du zugegen, wird deine Hand mich halten* (nach Ps 139).

Nochmals: Er sucht uns, *bis* er uns findet, auch wenn es erst in unserem Tode wäre.

Am Ende des Gleichnisses heißt es, dass der Hirte das halbe Dorf, die Freunde und Nachbarn zusammenruft, um ihnen seine Freude mitzuteilen, dass er das Schaf wiedergefunden hat.

Für mich liegt die tröstliche Botschaft darin, dass Gott diese Welt und uns Menschen nie fallen lässt, auch wenn wir sie zugrunde richten und mit ihr selbst zugrunde gehen.

Fazit: Wir dürfen an eine gute Zukunft glauben, weil Gott uns unaufhörlich sucht, auch in unseren Verlorenheiten und Untergängen.

Nicht im Blick auf uns Menschen, sondern im Blick auf Gott dürfen wir Optimisten sein.

Was liegt in unserer Hand?

Wenn ich das wüsste! Im Religionsunterricht brachte ich immer das Thema ein, wie sich junge Menschen ihre Zukunft und die unserer Welt vorstellen.

Die Meinungen waren meist sehr unterschiedlich. Wenn ich die Bewegung „Fridays for Future" beobachte, die die damals 16-jährige Greta Thunberg ausgelöst hat, so beeindruckt mich das Engagement so vieler junger Menschen, die echt Sorge haben, wie es mit unserer Welt weitergeht.

Und wir Älteren? Ich habe den Eindruck, dass manche den offensichtlichen Klimawandel herunterspielen. Die einen sagen: „Es hat immer schon Klimaschwankungen gegeben", die anderen – und das klingt makaber – denken: „Ach, ich bin schon so alt, ich werde es noch überleben. Mich betrifft es wohl kaum mehr."

Für mich ist es auch eine Glaubensfrage. Wenn ich ein Kind taufe, kommt mir manchmal der Gedanke: „Was wirst du, kleines Menschenkind, noch alles erleben? Wie wird die Welt in fünfzig, achtzig Jahren ausschauen? Der Anstieg der Meere, Wasser- und Nahrungsprobleme, aber was immer uns die Zukunft bringt: Du, lieber Täufling, und wir alle, bleiben in der Liebe Gottes aufgehoben. Diesen Trost und diese Zusage haben wir!" Und deshalb ist es gerechtfertigt, dass wir auch heute noch Kinder haben.

Mich berührt eine wunderschöne Geschichte von Jean Giono im Buch „Der Mann, der Bäume pflanzte". Auch wenn die Hauptgestalt Elzéard Bouffier erfunden ist, für mich ist die Geschichte dennoch wahr (so wie „Der Kleine Prinz" von Antoine de Saint-Exupéry), weil sie eine zeitlos gültige Botschaft vermittelt. Hier eine Zusammenfassung:

Ein älterer Schäfer in Frankreich. Seine Frau ist gestorben, später auch sein einziger Sohn. Wofür soll er jetzt noch leben? Er lässt seinen Bauernhof in einer fruchtbaren Ebene zurück. Nur fünfzig Schafe nimmt er mit. Er zieht in eine trostlose Gegend, in den Cevennen, fast eine Wüstenlandschaft. Dort kann er vielleicht vergessen.

Weit verstreut liegen fünf Dörfer mit zerfallenen Häusern. Die Menschen streiten sich; viele ziehen fort. Da erkennt der Alte: Diese Landschaft wird ganz absterben, wenn hier keine Bäume wachsen.

Immer wieder besorgt er sich einen Sack mit Eicheln. Die kleinen sortiert er aus, auch die mit Rissen wirft er fort. Die guten, kräftigen Eicheln legt er in einen Eimer mit Wasser, damit sie sich richtig voll-

saugen. Er nimmt noch einen Eisenstab mit, dann zieht er los. Hier und dort stößt er den Eisenstab in die Erde, legt eine Eichel hinein.

Nach drei Jahren hat er auf diese Weise 100.000 Eicheln gesetzt, Er hofft, dass 10.000 treiben. Und er hofft weiter, dass Gott ihm noch ein paar Jahre schenkt, so weitermachen zu können.

Als er 1947 im Alter von 89 Jahren stirbt, hat er einen der schönsten Wälder Frankreichs geschaffen – einen Eichenwald von elf Kilometer Länge und drei Kilometer Breite an drei verschiedenen Stellen.

Und was sonst noch geschehen ist? Die unzähligen Wurzeln halten jetzt die Feuchtigkeit fest, saugen sich mit Wasser voll. Es gibt auch wieder Bäche. Weiden entstehen, Wiesen, Blumen wachsen. Die Vögel kommen zurück. Selbst in den Dörfern verändert sich alles: Die Häuser werden wieder aufgebaut und angestrichen. Alle haben wieder Lust zum Leben, freuen sich, feiern Feste. Keiner weiß, wem sie das zu verdanken haben, wer die Luft, die ganze Atmosphäre geändert hat.

Diese Geschichte trage ich schon viele Jahrzehnte in meinem Herzen. Was hilft alles Lamentieren über die heutige Zeit! Besser ist es, wie dieser alte Schäfer da und dort „Eicheln" zu setzen mit dem großen Vertrauen, dass mit der Zeit doch so manch Gutes daraus wächst.

Einige Beispiele

Die „Eicheln" des sorgsamen Umgangs mit der Natur. Auf meinem Weg zur Arbeit sehe ich oft, dass links und rechts am Straßenrand viele Abfälle liegen, Aludosen, Colaflaschen, Papier … Ein McDonald's-Geschäft in der Nähe und auch andere sind wohl die Ursachen dafür, nein nicht so sehr die Geschäfte, sondern die Menschen, die dort einkaufen. Das ist nur ein Beispiel, wie achtlos wir mit der Schöpfung umgehen.

Die „Eicheln" des einfachen Lebensstils und der Genügsamkeit. Heute ist das ja undenkbar: Ich habe vier Jahre in einem Internat jeden Morgen eine Brennsuppe und trockenes Brot mit Margarine zum Frühstück bekommen. Man gewöhnt sich daran, und es hat uns gesättigt. Beim 60-jährigen Maturajubiläum haben wir uns extra wieder eine Brennsuppe bestellt, und sie hat uns bestens geschmeckt.

Auch die „Eicheln" des wachen Gewissens. Die Mentalität „Mir ist alles egal, die Hauptsache, mir geht es gut, was gehen mich die anderen an?"… wirkt wie ein schleichendes Gift, ein Pestizid. Gott sei Dank gibt es aber viele, und ich denke an immer mehr Menschen, die von der Sorge um unsere Welt, die wir von den Enkelkindern „geerbt" haben, erfüllt sind und der Gleichgültigkeit gegensteuern.

Die „Eicheln" des Gottvertrauens. Das brauche ich immer mehr, denn ich zweifle an der Vernunft der Menschheit als Ganzes, weil sich das egoistische Denken wie Krebszellen in uns breitmacht. Paulus schreibt zwar: „Löscht den Geist nicht aus, den Geist Jesu". Das ist also möglich, zumindest punktuell, da und dort, aber der Geist Gottes ist uns definitiv und bleibend geschenkt. Also versuche ich, diesem guten Geist die Fenster und Türen zu öffnen, und vertraue darauf, dass der Ungeist von ihm überwunden wird. Der Geist möge mir auch helfen, mich nicht von Gefühlen der Resignation lähmen zu lassen.

Die „Eicheln" der Aufmerksamkeit und Freundlichkeit. Da gibt es laufend viele Möglichkeiten, und wir werden meistens auch mit einem Lächeln oder einem Danke-Wort belohnt. Eine Verkäuferin in einer Bäckerei schenkte mir zwei Faschingskrapfen, einfach so. Ich bedankte mich herzlich und wurde dadurch animiert, ebenfalls jemand anderem Krapfen zu bringen. Auch das Gute vermehrt sich.

Die Weltverbesserung beginnt im Kleinen und im eigenen Herzen. Was können wir, kann ich schon tun? Eigentlich sehr viel, jeden Tag!

Was können wir jungen Menschen mitgeben?

Die Jugendlichen mögen sicher keine Rezepte oder gute Ratschläge von den Älteren. Sie wollen ihre eigenen Erfahrungen machen, und sie müssen das auch. „Learning by doing", das Lernen durchs Tun gilt immer noch.

Ich kam auf diese Frage durch das Buch „Geglücktes Leben. Was ich meinen Kindern ans Herz legen will" von Clemens Sedmak. Der Salzburger Sozialethiker hält darin sein „Vermächtnis" für seine drei Kinder fest. Ausgangspunkt für seine Gedanken ist die Geschichte einer jungen Frau, Ruth Picardie, die im Endstadium einer unheilbaren Krebserkrankung an ihre zweijährigen Zwillinge Joe und Lola je einen eigenen Brief geschrieben hat. „Du bist das Beste, was mir und Daddy passiert ist", sagt sie den beiden.

Daran anschließend fragt sich auch der Autor, was er seinen eigenen Kindern für ihr Leben mitgeben möchte als Erkenntnis aus seinem bisherigen Leben.

Ich finde diese Fragestellung auch für uns interessant, egal ob wir eigene Kinder haben oder nicht. Was ist unser „Erbe", das wir den nach uns

Kommenden hinterlassen möchten? Sicher nicht nur Grundstücke oder Immobilien oder materielle Dinge, sondern Haltungen und Einsichten.

Auf das Tun kommt es an

Natürlich ist es gut, wenn junge Menschen davon träumen, was sie alles tun und erleben möchten. Wer keine Träume hat, hat keine Kraft zum Kämpfen. Und von selbst erfüllen sich die wenigsten Träume.

Zum Handeln gehört auch dazu, dass manches danebengeht. „Keinen Fehler macht nur, wer nichts tut, aber das ist der größte Fehler", heißt ein weises Wort. Jedes Gestalten des Lebens lebt von zwei Voraussetzungen: Ich muss mir sehr wohl überlegen, was ich tun will oder zumindest probieren möchte. Das Pro und Kontra muss abgewogen werden. Aber oft ist es so, dass ich von vornherein nicht sicher weiß, was das Bessere ist. Dann muss ich einfach einmal einen Weg einschlagen, ein Studium beginnen, ein Handwerk lernen und mir vielleicht ein Zeitlimit setzen, wann ich entscheide, ob ich dabeibleibe oder einen anderen Weg einschlage. Und als Zweites braucht es auch ein gewisses Durchhaltevermögen. In allen Bereichen – von der Partnerschaft bis zum Beruf

– gibt es auch Frustrationen, schleppende Tage, mühsame Tage. Diese Fähigkeit wünsche ich von Herzen unseren Jugendlichen, denn das Leben ist nicht immer eine „Schokolade".

Sicher hilft es sehr viel, wenn man nicht nur allein träumt, sondern wir es zusammen mit anderen tun. Das verstärkt die Motivation. Alles beginnt mit der Sehnsucht.

Rad fahren oder Schi fahren haben wir nur gelernt, weil wir es bei anderen gesehen haben, es nachmachen wollten und es dann mit einigen Stürzen probiert haben.

Alles ist „Gnade"

Ein weiterer Wunsch, den wir den Kindern ans Herz legen möchten, ist die Einsicht, dass einem das Wesentliche im Leben geschenkt und nicht machbar ist. Wir verdanken uns nicht uns selbst. Letztlich ist das Leben eine große „Leihgabe", denn es fließt uns zu, ungefragt. Was daraus wird, hängt zu einem großen Teil von uns selbst ab.

Da sage ich jungen Menschen oft bei der Trauung: „Dass ihr zwei euch gefunden habt unter Millionen anderer Möglichkeiten ist eine gute Fügung, und jetzt geht es darum, das Beste draus zu machen. Sagt es euch auch immer wieder: Du bist für mich ein Geschenk des Himmels, wohl wissend, dass jede Gabe immer auch eine Aufgabe ist. Ehe ist nicht, sondern wird fortlaufend!"

Es gibt religionssoziologische Untersuchungen, die zeigen, wie in Kriegszeiten der Kirchenbesuch ganz rapid steigt, weil die Leute dann hautnah spüren, dass ihr Leben bedroht ist. Sicher lehrt die Not beten, aber auch die Dankbarkeit für das, was uns geschenkt ist, wäre ein gutes Gebet. „Danke für diesen guten Morgen, danke für jeden neuen Tag, danke, dass ich all meine Sorgen auf dich werfen mag."

Dieses Lied singen Alt und Jung gerne. Es möge auch eindringen in unsere Herzen.

Die schönste Erbschaft: eine lebenswerte Welt

Eine Sinngeschichte erzählt: *Ein Mann kaufte jeden Morgen fünf Brote auf dem Markt. Auf die Frage, warum er täglich fünf Brote kaufe, sagte er: „Eines esse ich mit meiner Frau, zwei geben wir zurück und zwei leihen wir aus." – „Wem gebt ihr zurück und wem leiht ihr aus?" Seine Antwort: „Unseren Eltern geben wir zurück, was sie uns in unserer Kindheit und Jugend gegeben haben, und unseren Kindern leihen wir aus, was sie uns im Alter zurückgeben werden."*

Wir geben unseren Kindern vieles mit, aber nicht, um es wiederzubekommen, das auch, sondern weil sie einen Anspruch darauf haben. Wir haben die Welt nur von unseren Kindern geliehen. Die Erde gehört uns nicht, jedoch die Kinder haben einen Anspruch, ein Recht darauf, in einer noch lebenswerten Welt zu leben. Wenn ich nur daran denke, welche Belastung der Atommüll für viele tausende Generationen sein wird, dann wird mir angst und bang. Mir klingt immer wieder ein Gedicht von Christa Peikert-Flaspöhler im Herzen:

Und der Friede liegt an uns

Es gibt noch Bäume, die in Blüten lächeln
es gibt noch Fische, die im Wasser springen
es gibt noch Vögel, die sich Nester bauen
es gibt noch Wälder, die das Leben wiegen

lasst es nicht die letzten sein
lasst es nicht die letzten sein
zum Leben sind wir einander gegeben
zum Lieben, zum Leben
und der Friede liegt an uns

Es gibt noch Wasser, das wir trinken können
es gibt noch Felder, die uns Körner tragen
es gibt noch Luftstrom, der uns Atem spendet
es gibt noch Tiere, die uns nicht verklagen

    lasst es nicht die letzten sein
    lasst es nicht die letzten sein
    zum Leben sind wir einander gegeben
    zum Lieben, zum Leben
    und der Friede liegt an uns

Es gibt noch Hände, die ihr Haben teilen
es gibt noch Rücken, die den Schwachen tragen
es gibt noch Stimmen, die für Stumme sprechen
es gibt noch Menschen, die einander trauen

    lasst es nicht die letzten sein
    lasst es Samen sein für viele
    zum Leben sind wir einander gegeben
    zum Lieben, zum Leben
    und der Friede liegt an uns

Es gibt noch Herzen, die den Himmel suchen
es gibt noch Augen, die sich liebend grüßen
es gibt noch Jugend, die sich Zukunft träumt
es gibt noch Kinder, die vor Freude tanzen

    lasst es nicht die letzten sein
    lasst es Samen sein für viele

zum Leben sind wir einander gegeben
zum Lieben, zum Leben
und der Friede liegt an uns

Genau darum geht es. Das Beste, was wir unseren Kindern und Kindeskindern geben können, ist eine intakte Umwelt, genauer: Mitwelt. Das Wachstum der Ökonomie, der Wirtschaft geht immer auf Kosten der Natur. Die halbherzigen Bekenntnisse der Politiker zum Umweltschutz bieten kein Gegengewicht zur zunehmenden Zerstörung unseres Planeten.

Was für eine Welt werden die Kinder in hundert oder zweihundert Jahren vorfinden?

Vorleben, was wir ihnen mitgeben wollen

Sicher fällt uns allen sehr vieles ein, was uns für ein geglücktes Leben als wichtig erscheint, auch im Blick auf unsere Kindeskinder: z. B. sollten sie verantwortungsbewusst, ehrlich, gerecht, friedliebend, rücksichtsvoll, engagiert, umweltbewusst, engagiert, tolerant sein, solidarisch leben, und vieles mehr.

Alles gut und recht, aber alle Appelle werden nicht viel nützen, wenn die junge Generation nicht bei uns Älteren genau diese Haltungen vorgelebt bekommt.

Alles Jammern über die „heutige Jugend" lenkt von der Frage ab, ob denn wir Erwachsene das selbst leben. Ein Sprichwort von früher lautet: Wer mit dem Finger auf andere zeigt, zeigt immer zugleich mit drei Fingern auf sich selbst. Sind wir Erwachsene zum Beispiel im Bereich Umweltschutz, wertschätzender Umgang mit den Fremden, praktizierter Glaube ein gutes Vorbild?

Wird es je einmal Frieden auf Erden geben?

Auch wenn ich gleich einmal die Frage verneine, ist es dennoch sinnvoll, sich so etwas zu überlegen. Denn dahinter steckt doch eine große Sehnsucht nach Frieden, nach einem friedlichen Zusammenleben für alle Menschen, oder die Hoffnung und der Gedanke, dass es doch viel mehr Frieden geben könnte.

Was wird nicht gestritten: im Kleinen, im Raum der Familie, unter Verwandten oder Nachbarn, in den Schulklassen oder in Firmen und Betrieben? Machtkämpfe, Rivalitäten, Ungerechtigkeiten, Zurücksetzungen, Eifersucht, Neid, Habsucht und vieles mehr. Das war immer schon so. *Woher kommen die Kriege,* fragt Jakobus, und er gibt gleich die Antwort: von den *Leidenschaften in eurem Innern* (vgl. Jak 4,1). Ähnliches schreibt auch Paulus (Gal 5,19). Der Auftrag Jesu, dem Nächsten siebenundsiebzigmal zu verzeihen (Mt 18,22), ist nur auf dem dunklen Hintergrund verständlich, dass es unter uns Menschen immer wieder Streit und Verletzungen gibt.

Gewaltfreies Handeln als Alternative

Wenn uns jemand ein Unrecht antut, können wir passiv bleiben, in der Rolle eines „Opferlammes". Das ist die schlechteste Reaktion, weil dann der Täter, die Täterin nur zu weiteren Verletzungen und ungutem Verhalten ermutigt wird. Oder wir handeln nach dem Grundsatz: Wie du mir, so ich dir. Auch das ist keine gute Lösung, weil sich der Konflikt immer mehr hochschaukelt und neue Ungerechtigkeiten provoziert. Oder wir leisten gewaltfrei Widerstand, benennen das Unrecht, setzen Grenzen. Mahatma Gandhi hat einen wichtigen Satz formuliert: „Das Ziel muss im Mittel erkennbar sein!" Das heißt: Wenn wir Frieden wollen, müssen wir auch auf dem Weg dorthin friedfertig sein in unserem Denken, Reden, Handeln. Auch Jesus hat sich gewehrt, aber er hat nicht zurückgeschlagen, als ihm ein Knecht des Hohepriesters Hannas eine Ohrfeige gab (Joh 18,22f). Das Ziel bei allen Konfliktlösungen muss sein, dass beide, Täter und Opfer, vom Unrecht frei werden. Und die Voraussetzung bei allen Friedensbemühungen ist die Überzeugung, dass grundsätzlich die Wahrheit besser und stärker ist als die Lüge, die Gerechtigkeit besser und stärker als das Unrecht, die Liebe besser und stärker als der Hass.

Ein Mann, dessen Frau sich von ihm trennen will, kam zu einem Gespräch, verzweifelt, verletzt, verbittert. Ich überlegte mit ihm, wie er sich schützen kann, ohne seiner Frau neue Verletzungen zuzufügen. Das ist ein mühsamer Lernprozess. Schuldzuweisungen und Rechtfertigungen helfen da nicht weiter, wohl aber Gespräche mit einsichtsvollen Menschen und oft auch einfach etwas Abstand, um die Probleme anschauen und Lösungsschritte überlegen zu können.

Frieden ist mehr als ein Wort

Ich bekam ein wunderbares Kinderbuch mit dem Titel „Die Brücke" geschenkt; es hat herrliche Bilder.

Ein Riese und ein gewaltiger Bär wollten über eine schmale Brücke, die über einen Fluss zwei Hügel verband. Eine Brücke, so schmal wie ihre Körper, ohne ein Geländer oder eine Sicherung. In der Mitte trafen die beiden zusammen. Sie konnten unmöglich aneinander vorbei. Sie stritten hin und her. Und schlussendlich die Lösung. Sie gingen aufeinander zu, umarmten sich, drehten sich langsam in ganz kleinen Schritten um sich herum und konnten dann weitergehen ohne hinunterzufallen.

Eine reizende, sinnvolle Geschichte: Man muss sich anschauen, ansprechen, sich voneinander berühren und halten lassen, und dann kann jede und jeder ihren, seinen Weg fortsetzen.

Und das Sich-Umarmen kann auch im Gebet geschehen. Der Psychologe Theodor Bovet schrieb, es habe in seinem Leben zwei Menschen gegeben, die er gehasst habe. Bei einem sei es ihm bald gelungen, sich zu versöhnen. Beim anderen habe er zehn Jahre täglich gebetet: „Gott, nimm mir den Hass aus dem Herzen!", bis er es tatsächlich geschafft habe, mit diesem Menschen eine gute Beziehung zu finden.

Die Rolle der Religionen

Viele, viele Kämpfe und Kriege haben einen religiösen Hintergrund. Das war schon in der Zeit vor Christus so, und das erste Testament ist voll von Beispielen dafür. Auch der Auszug aus Ägypten wurde als Befreiungstat Gottes gedeutet. Und in allen Kämpfen, in die das Volk Israel involviert war, spielte auch der Glaube an den einen, wahren Gott eine große Rolle.

Wir kennen die Kreuzzüge aus dem Mittelalter, in denen die Christen nicht gerade zimperlich mit den Feinden umgingen. Die Hexenprozesse und Todesurteile der Inquisition geschahen im „Namen Gottes". Heutzutage sind es die IS-Truppen, die vor keiner Grausamkeit zurückschrecken – im Namen Allahs – oder viele Terroranschläge, verübt von sogenannten Gotteskämpfern. Eine Perversion des Glaubens.

Wie kann das sein? In den autoritären Religionen besteht immer die Gefahr eines absoluten Wahrheits- und Machtanspruchs. Zudem ist der Glaube geprägt von den innersten Überzeugungen eines Menschen, er berührt sein „Heiliges". Und dafür kämpft er.

Aber Christus hat eine humanitäre Botschaft verkündet und gelebt, den Glauben an einen barmherzigen und liebenden Vater.

Der Theologe Hans Küng hat vor Jahren das Projekt „Weltethos" begründet. Er sagt: „Wenn es je einen Frieden gibt, dann nur, wenn die Religionen ihn begründen und mittragen. Sie haben nicht nur ein Macht-, sondern auch ein großes Friedenspotential." Er fand heraus, dass in allen Religionen eine gemeinsame ethische Basis zu finden ist, nämlich der eine Satz: *Was du willst, dass man dir tue, das tue auch anderen!* Es ist die „Goldene Regel" aus der Bergpredigt (vgl. Mt 7,12). „Behandle andere Menschen so, wie du selbst behandelt werden möchtest." Diese Aussage ist in unterschiedlichen Formulierungen Gemeingut aller religiöser Strömungen. *Aber es gibt nichts Gutes, außer man tut es.* (K. Tucholsky)

In einem modernen Lied heißt es: *Liebe ist nicht nur ein Wort, Liebe, das sind Worte und Taten. Als Zeichen der Liebe ist Jesus geboren, als Zeichen der Liebe für diese Welt!* (Eckart Bücken)

Also können wir die Frage, ob es einmal einen umfassenden Frieden geben wird, nur so beantworten, dass wir selbst Gedanken des Friedens in uns hegen, Worte des Friedens sprechen, Worte, die verbinden und aufrichten, und in der Phantasie der Liebe Taten des Friedens setzen. Die Antwort liegt bei uns.

Sinngeschichte

Du hast einen schönen Beruf, sagte das Kind zum alten Brückenbauer, es muss sehr schwer sein, Brücken zu bauen.

Wenn man es gelernt hat, ist es leicht, meinte der alten Brückenbauer. Es ist leicht, Brücken aus Beton und Stahl zu bauen. Die anderen Brücken sind viel schwieriger, sagte er, die baue ich in meinen Träumen.

Welche anderen Brücken?, fragte das Kind. Der alte Brückenbauer sah das Kind nachdenklich an.

Er wusste nicht, ob das Kind es verstehen würde. Dann sagte er: Ich möchte eine Brücke bauen – von der Gegenwart in die Zukunft. Ich möchte eine Brücke bauen von einem zum anderen Menschen, von der Dunkelheit in das Licht, von der Traurigkeit zur Freude. Ich möchte eine Brücke bauen von der Zeit in die Ewigkeit, über alle Vergänglichkeit hinweg.

Das Kind hatte aufmerksam zugehört. Es hatte nicht alles verstanden, spürte aber, dass der alte Brückenbauer traurig war. Weil es ihn wieder froh machen wollte, sagte das Kind: Ich schenke dir meine Brücke. Und das Kind malte für den Brückenbauer einen bunten Regenbogen. (Quelle unbekannt)

Kann man sich aufs Älterwerden vorbereiten?

Natürlich stellt sich gleich einmal die Frage, ab wann man zu den Älteren gehört.

Rein rechnerisch kann man sagen, dass ab fünfzig die zweite „Spielhälfte" schon begonnen hat, und so überraschend es klingt, sie könnte sogar der bessere Lebensabschnitt sein.

Viel Druck fällt weg, der berufliche Stress, das Sich-beweisen-und-bestätigen-Müssen, finanzielle Probleme (für viele) … Der Zeitdruck wird geringer, die Atempausen werden länger.

Aber es tauchen auch Fragen auf: War das alles? Was kann ich noch oder nicht mehr?

Zudem reduziert sich die Beweglichkeit, die Reaktionsschnelligkeit, das Gedächtnis lässt nach, vor allem bei den Namen.

Fünf Dinge, die Sterbende am meisten bereuen

So lautet der Titel eines Buches, das die australische Krankenschwester Bronnie Ware geschrieben hat. In der Begleitung von vielen sterbenskranken Menschen hat sie viele übereinstimmende Aussa-

gen gehört und gesammelt. Was diese Menschen rückblickend bedauern, sind folgende Punkte:
1. Ich wünschte, ich hätte den Mut gehabt, mir selbst treu zu bleiben, statt so zu leben, wie andere es von mir erwarteten.
2. Ich wünschte, ich hätte nicht so viel gearbeitet.
3. Ich wünschte, ich hätte den Mut gehabt, meinen Gefühlen Ausdruck zu verleihen.
4. Ich wünschte, ich hätte den Kontakt zu meinen Freunden gehalten.
5. Ich wünschte, ich hätte mir mehr Freude gegönnt.

Wäre es nicht eine gute Vorbereitung für den späteren Teil des Lebens, manches von dem schon in früheren Jahren zu beherzigen, zu leben? Ich habe viele Vorträge gehalten zum Thema „Alter schützt vor Freude nicht". Meistens beginne ich mit der Feststellung, wie wichtig es ist, sich selbst zu lieben und auch zu sagen: „Das und das bin ich mir wert!" Natürlich nicht egoistisch gemeint, sondern um sich selbst zu spüren und zu sich selbst zu stehen. Dazu gehört auch, dass wir lernen sollten, klar zu sagen, was wir wollen und was nicht. Wir waren daheim eine große Familie, und die Mutter hatte nicht so viel Zeit für uns. Wenn wir als Kinder mit einem Anliegen kamen und umständlich drum herumredeten, sagte sie: „Sag in einem Satz, was du willst!" Eine gute Übung, vor allem für Leute, die nicht den Mut haben, sich klar zu äußern.

Freundschaften pflegen

Das finde ich eine wichtige Altersvorsorge. Ich kenne viele ältere Menschen, die in der letzten Lebensphase sehr einsam sind.

Die längste und umfangreichste Studie der Harvard-Universität beschäftigte sich 75 Jahre lang mit der einen Frage: Was macht den Menschen wirklich glücklich? Mehr als 600 Menschen wurden über diesen Zeitraum hindurch beobachtet. Das Ergebnis überrascht, oder auch nicht: *Gute Beziehungen machen uns glücklicher und gesünder.* Natürlich liegt die Betonung auf „gut". Es geht nicht um die Menge von Kontakten, sondern um deren Qualität.

Zum gleichen Ergebnis kommt auch in den letzten Jahrzehnten die Hirnforschung, die bestätigt, dass harmonische Beziehungen das Glücks- und Zufriedenheitsgefühl steigern.

Es ist klar, dass Freundschaften auch der Pflege bedürfen. Man muss sich Zeit nehmen für das Zusammensein, für Ausflüge, Reisen, Konzerte und vieles mehr.

Das Genießen üben und die Dankbarkeit

Die Glücksforscher sprechen von dreierlei Glück:

Erstens das Zufallsglück, wenn etwas (noch) gut gegangen ist, sich zufällig gut ergeben oder gefügt hat, wir vor einem Schaden bewahrt worden sind. Wie oft erfahren wir im Straßenverkehr Situationen, bei denen wir denken: Glück gehabt.

Zweitens das Wohlfühlglück: Dazu gehört alles, was uns an Leib und Seele wohltut: ein schöner Urlaub, eine Wellnesswoche, eine bereichernde Reise, ein gutes Essen, eine wunderschöne Musik, das warme Haus und Bett, die Gegenwart eines geliebten Menschen.

Diese Dinge und Situationen bewusst zu genießen ist ein großes Geschenk. Wir können das noch intensivieren, wenn wir uns daran erinnern und diesen Dank auch sagen, bestimmten Menschen oder letztlich Gott. Es gibt im Volksmund den Spruch: *Wer nicht genießen kann, wird ungenießbar.* Das ist wahr.

Wir können mit zunehmendem Alter auch verschiedene „Lüste" pflegen: die Gartenlust, die Lust der Muße, die Wanderlust, (bei mir) die Lust des Schifahrens, des Badens, des Kartenspielens, des Lesens, des Singens, des Schlafens …

Drittens das Glück der Fülle: Dieses erwächst aus der Einsicht, dass zum Leben auch die schweren Stunden, Verletzungen, Krankheiten, Enttäuschungen dazugehören, aber genauso doch viel, viel Gutes, das nicht selbstverständlich ist. Ich bin immer wieder beeindruckt von Menschen, die in ihrem Leben Schweres durchgemacht haben, die aber auch das Positive sehen und als Gesamtbilanz sagen können: „Mir geht es gut. Ich bin zufrieden und dankbar."

Diese Art von Glück wird gefördert durch eine positive Grundhaltung.

Mit welchen Gedanken stehen wir auf oder beenden wir den Tag?

Eine kleine Geschichte erzählt:
Zwei Fotoapparate kamen bei einer Veranstaltung in einer Garderobe nebeneinander zu liegen. Weil es länger dauerte, fingen sie an, ihre Aufnahmen auszutauschen. Die Bilder des einen Apparates waren scharf, bunt, farbig, die des anderen unscharf und blass. Auf die Frage des einen, ob er ein Zusatzgerät habe, weil seine Fotos so schön seien, antwortete der andere: Nein. Merke dir: Es kommt immer auf die richtige Einstellung drauf an, und dabei ist das Licht und die Entfernung entscheidend.

Mit dem Licht ist die grundsätzlich wohlwollende Sicht der Menschen und Dinge gemeint.

Und bei der Distanz sollten wir einerseits mit der Linse des Herzens eine Nahaufnahme der anderen Menschen machen. Wenn wir ihre Lebensgeschichte erfahren oder bedenken, dann können wir sie viel besser verstehen oder akzeptieren. Und andererseits ist es gut, auch Weitwinkel- oder Großaufnahmen zu machen. Wenn man weiß, welchen sozialen Hintergrund und welche Verwandtschaft Menschen haben, verändert sich auch das Bild von ihnen.

Diese doppelte Optik können und sollen wir auch bei uns selbst anwenden: die naheliegenden Dinge sehen und zudem das große Ganze in meinem Leben. Beides fördert die Haltung der Dankbarkeit.

Sinnenhaft und sinnhaft leben

Es ist uns kaum bewusst, dass der Sinn des Lebens mit den Sinnen zusammenhängt.

Das Wort Sinn kommt von „sinan", und das heißt ursprünglich „reisen". Das Leben ist ein Unterwegssein, und dabei machen wir laufend auch körperliche Erfahrungen. Was wir also mit unseren leiblichen Sinnes-Organen aufnehmen, ist unsere Realität, und das wirkt auf unseren Geist, unsere Seele. Wir haben früher in Latein gelernt: „Nihil est in sensu, quod non prius est in sensibus." Nichts ist in unserem Kopf, was wir nicht vorher mit den Sinnen erfahren haben.

Im Älterwerden nimmt der Wert der sinnlichen Erfahrung zu. Körperliche Berührungen sind wichtig – ähnlich wie beim Kind, das Anschauen und Angeschaut-Werden, das Hören und Zuhören, ja überhaupt jede Sinnlichkeit, die angenehm ist.

Es tut gut, solche Eindrücke bewusst wahrzunehmen, auch schon in jüngeren Jahren. Dann können wir sie später umso leichter annehmen und sammeln.

Gelassener werden

Natürlich gewinnt man im Laufe des Lebens vieles – Einsichten, Erfahrungen, Erlebnisse, Beziehungen, Erfüllung und anderes mehr. Aber man muss auch manches loslassen. Die Energie schwindet, die Kräfte und die Ausdauer lassen nach, obwohl man einiges durch Routine und Übung kompensieren kann.

Ein Bildwort sagt: Wenn die Kinder auf die Welt kommen, machen sie eine Faust, so als ob sie das Leben und alle Dinge festhalten möchten. Wenn man alt wird oder auch einmal sterben muss, öffnen sich die Hände. Dann müssen wir alles loslassen.

Ob man das lernen kann? Ich denke schon. Es ist gut, sich im Schenken und Verschenken zu üben. *Schenken ist ein Brückenschlag über den Abgrund der Einsamkeit*, sagt Antoine de Saint-Exupéry. Es ist außerdem nie zu früh, die materiellen Dinge zu regeln. Denn man kann nichts mitnehmen, und das Totenhemd hat keine Taschen, wie man sagt. Das ist auch ein Beitrag zum Frieden in der Familie.

Es ist sinnvoll, ein Testament zu machen und mit den Angehörigen darüber zu reden, eine Patientenverfügung oder Vorsorgevollmacht auszustellen.

Als ich einmal mit zwei Freunden, beide um die fünfzig, in den Urlaub flog, kamen wir auf dieses Thema zu sprechen, und beide sagten zu meiner Überraschung, sie hätten auch in groben Zügen ein Testament gemacht. Man weiß ja nie ...

Zum Lassen gehört auch eine gewisse Gelassenheit, die Haltung, sich nicht gleich verrückt machen zu lassen, die Dinge tragischer zu nehmen, als sie sind, mit etwas Abstand die Probleme anzuschauen, nicht gleich überzogen zu reagieren, sondern innerlich zuerst Atem zu holen. Manche haben von Natur aus ein ruhigeres Temperament, denen gelingt das leichter, andere müssen sich sehr darum bemühen, dass sie nicht gleich „aus dem Häuschen", außer sich sind. Besser ist es, in sich zu ruhen.

Ein schönes Gebet von Reinhold Niebuhr (1892–1971) lautet:

Gott, gib mir die Gelassenheit,
Dinge hinzunehmen, die ich nicht ändern kann,
den Mut, Dinge zu ändern, die ich ändern kann,
und die Weisheit, das eine vom anderen zu unterscheiden.

Vieles im Leben ist einfach so wie es ist. Erst wenn wir diese Realitäten annehmen, können wir schauen, was wir doch verändern können. Dieses Gebet sprechen die anonymen Alkoholiker bei ihren Zusammenkünften. Ihre Alkoholerkrankung bleibt ein Leben lang, die ist nicht mehr zu ändern. Aber sie können lernen, „trocken" zu werden, keinen Alkohol mehr zu trinken, und das ist eine große Leistung. Wahrscheinlich resignieren wir oft viel zu früh mit dem Gedanken: Da kann ich nichts mehr machen. Dieses Kreuz muss ich einfach tragen. Aber erst, wenn wir alle Möglichkeiten ausgeschöpft haben, müssen wir lernen, mit unserem Problem zu leben, täglich neu, und die „Restsorgen" Gott zu überlassen.

Dem Größeren Raum geben

Mit dem Älterwerden kommen wir unweigerlich auch der Grenze unseres Lebens näher. Viele verdrängen diesen Gedanken. Es scheint mir jedoch eine große und wichtige Aufgabe zu sein, dass wir uns mit unserer „Endlichkeit" versöhnen.

Manche meinen, über das Danach kann man nichts sagen, keiner ist je zurückgekehrt, dieses Thema lasse ich auf mich zukommen, wenn es so weit ist.

Andere halten sich an die Berichte von Nahtod-Erfahrungen, die zumindest nahelegen, dass der Sterbeprozess als befreiender Vorgang erlebt wird. Jedenfalls habe ich schon erlebt, dass Menschen einen großen inneren Frieden finden in dem Gedanken, dass sie im Tod nicht ins Leere fallen, sondern aufgehoben, aufgefangen werden von einem unendlich liebenden Gott, der unsere Defizite auffüllt und uns sagt: Jetzt ist alles gut.

Letztlich gibt erst der Tod unserem Leben einen bleibenden Sinn und Wert, denn sonst wäre alles gleich-gültig, unendlich wiederholbar, und das nähme unserem Leben die Ernsthaftigkeit und Bedeutung.

Es ist hilfreich, heute schon und jeden Tag bewusst und dankbar zu leben.

Je älter man wird,
desto ähnlicher wird man sich selbst.
…
Altwerden
ist wie auf einen Berg steigen.
Je höher man kommt,
desto mehr Kräfte sind verbraucht,
aber umso weiter sieht man.
Ingmar Bergman

Quellenverzeichnis

Die Bibelzitate stammen aus der Einheitsübersetzung der Heiligen Schrift, vollständig durchgesehene und überarbeitete Ausgabe. © 2016 Katholische Bibelanstalt GmbH, Stuttgart. Alle Rechte vorbehalten.

S. 17: Kurt Marti, Gedichte am Rand, Verlag Arthur Niggli/Kiepenheuer & Witsch, Teufen/Köln, 2. Aufl. 1968, S. 5

S. 28: Susanne Emerich (Hg.), Hätte ich nicht eine innere Kraft … Leben und Zeugnis des Carl Lampert, Tyrolia-Verlag, Innsbruck-Wien, 3. Aufl. 2015, S. 50

S. 48: Bertelsmann Stiftung (Hg.), change 2/2018 Themenposter, unter www.bertelsmann-stiftung.de/de/publikationen/publikation/did/change-22018-themenposter/

S. 60: Hermann Joseph Kopf, ein stück brot, aus: Joseph Kopf, nur eine bewegung von licht, Gesammelte Gedichte, hg. von Paul Good, Rimbaud Verlagsanstalt, Aachen 1992

S. 71f: Dietrich Bonhoeffer, Widerstand und Ergebung. Briefe und Aufzeichnungen aus der Haft, Gütersloher Verlagshaus, Gütersloh, 22. Aufl. 2005

S. 88f: Rudolf Otto Wiemer, Es müssen nicht Männer mit Flügeln sein. Geschichten und Gedichte zur Weihnachtszeit, Quell Verlag, Stuttgart 1986

S. 100: aus: Gerhard Lohfink, Der Tod ist nicht das letzte Wort. Meditationen, Verlag Herder, Freiburg i. B., 3. Aufl. 1977, S. 48

S. 117f: aus: Lothar Zenetti, Texte der Zuversicht. Für den Einzelnen und die Gemeinde, Verlag J. Pfeiffer, München 1972

S. 141f: Eine Nacherzählung der Geschichte aus dem Buch von Jean Giono/Quint Buchholz, Der Mann, der Bäume pflanzte, Carl Hanser Verlag, München, 10. Aufl. 2007

S. 149ff: Christa Peikert-Flaspöhler, Und der Friede liegt an uns. Aus: dies., Füße hast du und Flügel. © Lahn-Verlag in der Butzon & Bercker GmbH, Kevelaer, ²1982, www.bube.de

S. 155: Eine Nacherzählung der Geschichte aus dem Buch von Heinz Janisch/Helga Bansch, Die Brücke, Verlag Jungbrunnen, Wien, 4. Aufl. 2015

S. 158: Text von Eckart Bücken im Lied „Liebe ist nicht nur ein Wort", Strube Verlag, München

S. 164f: Eine Nacherzählung der Geschichte aus dem Buch von Johannes Niederer, ein paar zeilen zum verweilen. 20 Geschichten von gestern für Menschen von heute, Verlag Schweizer Kongregationszentrale, Zürich 1973, S. 8

Wir danken den Autorinnen und Autoren für die freundliche Genehmigung zum Abdruck. Leider war es nicht in allen Fällen möglich, die Rechteinhaber zu ermitteln. Wir bitten um Hinweise an den Verlag. Allfällige Ansprüche werden gerne nachträglich abgegolten.

Der Autor

Elmar Simma, geb. 1938, Theologiestudium in Innsbruck, Kaplan, Diözesanjugendseelsorger, Pfarrer in Göfis, langjähriger Caritas-Seelsorger der Diözese Feldkirch, Unterrichtstätigkeit an verschiedenen pädagogischen Einrichtungen, engagiert sich für die Hospiz-Bewegung. Er hält zahlreiche Vorträge und ist Autor mehrerer Bücher. Zuletzt bei Tyrolia erschienen: „Dem Leben zulächeln. Von der Kunst, den Tag zu loben (5. Auflage 2020), „In den Nebel hinein. Worte der Hoffnung" (2018), „Geführt von einem inneren Stern. Gute Gedanken für Advent und Weihnachten" (2. Auflage 2020).

 TYROLIA   www.tyrolia-verlag.at

Impulse für „Nebelwanderer"

Elmar Simma
In den Nebel hinein
Worte der Hoffnung

176 Seiten, zweifärbig
gebunden
ISBN 978-3-7022-3718-9

Es ist doch oft so im Leben: Sorgen, Fragen, Unsicherheiten lassen alles trüb und grau erscheinen. Aber irgendwann lichten sich die nebeligen Schleier und wir sehen wieder klarer.
Zu unserem Leben gehören die sonnigen Zeiten, aber auch die nebelverhangenen Tage, die traurigen Abschnitte oder dunklen Erlebnisse. Ermutigende Gedanken des bekannten Seelsorgers aus Vorarlberg, damit sich der Durchblick wieder einstellt.

 **TYROLIA** www.tyrolia-verlag.at

Jeden Tag
drei Sachen zum Loben

5. Auflage

**Elmar Simma
Dem Leben
zulächeln**
**Von der Kunst,
den Tag zu loben**

152 Seiten, zweifärbig
gebunden
ISBN 978-3-7022-3507-1

Der beliebte Seelsorger und Autor aus Vorarlberg macht bewusst, wie viele erfreuliche, schöne und ermutigende Dinge es im Alltag gibt. Oft braucht es nicht viel, um neue Sichtweisen zu entdecken. Mit konkreten Impulsen für den Alltag, die helfen, damit das Leben immer mehr von Freude, einer positiven Lebenseinstellung und Zuversicht erfüllt und geprägt wird.